常想一二 不思八九

林清玄 / 著

北京联合出版公司
Beijing United Publishing Co.,Ltd.

烟花三月下广州

春天的时候，到广州花都、三水去演讲。

三水在三江交汇之地，花都则在白云机场附近，都是美到不行的地方，加上正是花开时节，到处是美丽的花开，随意在花园小路散步，都令人心动神驰，仿佛人间仙境。

但是，在我演讲的高中，家长和学生都是忧心忡忡的，因为高考的脚步正一天一天逼近。

全中国将有一半的高中生无法上大学，幸而能上大学的，也很少能上理想的大学和科系，即使是春天花开的南方小城，也笼罩在低气压中，像是风暴来袭的前夕。

尤其中国的家庭都是一胎化，每个孩子都是父母的宝，也是家族的希望，压力更是巨大。

不只是广州，在中国各地的好高中，学生都是住校，全年无休地在学校拼命读书。学校还有许多高四生，即第一年没有考上的学生，再度回校冲刺，个个都有如将上前线的战士，有"不成功便成仁"的表情。

就在广东，我曾到过许多一万名以上的高中演讲，还曾到安徽阜阳，有三万名学生的学校演讲。有的学校，老师近千名，要佩戴名牌，才能互相认识。

而学生不堪课业压力而轻生的，时有所闻。

学生、家长、老师都在问："有什么安顿的方法？"

我以传统的方法说："有两个方法，一是儿孙自有儿孙福，二是生命自己会找出路！"

时间的巨轮虽然向前滚动，但现今学生的压力不见得比古代科举的书生更大，努力固然必要，福报与禄份却无法强求，只要随缘顺势，人人都能走出一条路，中国山高水长、地广海深，读大学并非唯一的出路。

另一个答案，我说："常想一二、不思八九。"

因为人生不如意事十常八九，若常惦记那八九，就容易怀忧丧志，应该常常去品味、思维那快乐的、幸福的、如意的一二，养成正向思考的习惯，在成功或失败、顺利或挫折、快乐或苦痛，都能成长和学习，才能成就人生。

如愿考上理想的大学也好，不能如愿也好！人生的路还很长，接下来的更难考，爱情、婚姻、工作、事业、身心的平衡、价值的确立、美好人生的追寻……每一样都比上大学艰难百倍呀！

常想一二，一步一步向前走吧！

林清玄

2017 年春天
在广州花都

只要随缘顺势，
人人都能走出一条路。

目 录

CONTENTS

CHAPTER
ONE

品味生活：
平常心是道，道是心常平

忠于内心：
在复杂的世界里，做一个简单的人

静观天地：
每一个季节里都有生命温润的质地

目 录

肆

拥抱人生：
即使在人生的最底层，也不要放弃飞翔

目 录

CONTENTS

伍

CHAPTER
FIVE

情皆因缘：
温和而积极的爱方能久远

陆

CHAPTER
SIX

穿越尘世：
唯有不执着，才能体验到更深刻的美

在不思维过去与未来的时候，

就快乐地活在当下，

让每一个当下有情有义、

发光发热、如诗如歌！

壹

CHAPTER
ONE

品味生活

平常心是道，道是心常平

心眼同时，会心一笑

在生活的会心里，时常做好一笑的准备

● ○ ────────

尽说拈花微笑是，不知将底辨宗风。

若言心眼同时证，未免朦胧在梦中。

——白云守端禅师

禅的起源有一个美丽的说法，经典上说："世尊在灵山会上，拈花示众，是时众皆默然，唯迦叶尊者破颜微笑。世尊曰：我有正法眼藏，涅槃妙心，实相无相，微妙法门，不立文字，教外别传，付嘱摩诃迦叶。"短短六十余个字，给我们美丽非凡的联想。禅的开始就是这么多了，除了这些，世尊没有再交什么给迦叶了。

我每次想到禅的开始，就好像自己要拈花，又要微笑的样子，心里有着细致的欢喜。直到有一天，我正喝茶的时候品味这段话，突然生起两个想法：

一是，当释迦牟尼佛拈花的时候，幸好有迦叶尊者适时微笑。万一佛陀拈花的时候，灵山会上那么多的菩萨竟没有一个人微笑，这世界就没有禅了。

二是，万一佛陀拈花时，迦叶还来不及微笑，在场的菩萨同时哄堂大笑，那么，这世界也就没有禅了。

因此，"拈花微笑"四个字是多么美。一个是拈花，那样优雅；一个是微笑，那么沉静。两者都有着多么温柔的态度和多么庄严的表情呀！

"拈花微笑"使我想到，佛陀早就想要拈花，而迦叶也早就准备好微笑了，然后，在适当的场地、适当的时间，佛陀的拈花与迦叶的微笑，才使得禅有一种美好的开端。

现在，佛早就离开了这个世界，留存在世界的是山河大地还有无数的众生。如果依佛所说，山河大地与六道众生都与如来无异；我们可以这样说，山河大地与我们所遇到的一切众生，无时不刻都在对我们拈花，只可惜我们不知道在适当的时间里微笑罢了。

我觉得，一个人想要进入禅的世界，一定要有对世界微笑的准备；这种微笑，是生活的会心。因为，禅不应该有勉力而为的态度，一个人要得到禅，要进入自然之道，有一种美好安定的心，等待心性开启的一刹那，就好像一朵花等待春天。

禅是一种直观的开悟，而不是推论的知识。禅的智慧与一般知识最大的不同，是知识里使用眼睛与意识过多，常使宇宙的本体流于零碎的片段；禅的智慧是非常主观的，是心与眼睛处在统一状态

我就是花，花就是我。

的整体。

　　以一朵花为例，没有会心的人看花，会立即想到这花是玫瑰花，颜色是红色，要剪下插在那里才好看，或者要把它送给别人；我是主，花是客，很难真正知道或疼惜一朵花，对待一朵花，我们多的是理性客观的态度。现在，我们把这种态度翻转，使它进入一种感性主观的风格，我就是花，花就是我，我的存在就像一朵花开在世界；我的离去，就好像花朵的凋落一般，我们只是生命的表象，那么，生命的真实何在？这就是智慧者的看花之道。与人相处，与因缘会面，如果我们也有像看花一样的主观与感性，我们的"会心"就使我们容易有悟。

在禅里有这样的故事：

有一个人走在路上，突然听见一阵凄哀的哭声，走过去一看，原来是一只朝生暮死的小虫在那里哀号。

他就问："你为什么哭？"

小虫说："我的太太死了，我下半辈子不知道要怎么过。"

那个人不禁哑然失笑，因为那时已过中午，小虫再过半天就要死了。不过，他立即悟到，小虫的半天与我们的半生，在感受上，一样漫长；在实相上，一样短暂！

民国初年的高僧来果禅师，有一次在禅定中突然听到一阵哭喊，他步下禅床，循声而往，看到一只跳蚤从床上跌下来，摔断了腿，正在那里哀号。那时他知道了：跳蚤的喜怒与人无异；而人如果只有生命的表象，又和跳蚤有什么不同呢？

我们在生活中，一切都是现成的，就在我们的眼前，可是常常被我们变成名相；如果能转回原来的面目，禅心就显露了。

曾经有一位僧人问法眼文益禅师："要如何披露自己，才能与道相合？"

法眼回答说："你何时披露了自己，而与道不相合呢？"

我们在对境时，常发生两种情况：一种是对境界的漠然，以至于无感；一种是处处着相，以致为境所迁累。我们应该时时保有会心的一笑，心眼同时地直观，然后在感性的风格里超越。

法眼文益有一首美丽的诗：

幽鸟语如簧，柳摇金线长。

云归山谷静，风送杏花香。

永日萧然坐，澄心万虑忘。

欲言言不及，林下好商量。

在生活的会心里，我们时常做好一笑的准备，会使我们身心自在，处在一种开朗的景况，也使我们的心为之清澄；那么，不可思议的一悟就准备好了，只等待那闪电的一击。

手中的弓箭，离弦射出的时候，早已在眼中看到天空中飞行的雕随箭而落。这是神射手的境界。

闭着眼睛在阴雨的黑夜，知道月亮或圆或缺并不失去；在好天气时，果然看到月的所在和月的光芒。这是明眼人的境界。

当法眼说"看万法不用肉眼，而是透过真如之眼，即法眼道眼。道眼不通，是被肉眼阻碍了。"我们知道禅师是心眼如一的神射手！是无处没有会心的明眼人！

因此，拈花的时候，微笑吧！不拈花的时候，准备好微笑吧！

有一种美好安定的心，
等待心性开启的一刹那，就好像一朵花等待春天。

常想一二

苦难到处都有，
让人感动的是面对苦难的坚持、乐观和勇气

● ○ ————————

朋友买来纸笔砚台，请我题几个字让他挂在新居的客厅补壁。

这使我感到有些为难，因为我自知字写得不好看，何况已经有很多年没有写书法了。

朋友说："怕什么？挂你的字我感到很光荣，我都不怕了，你怕什么？"

我便在朋友面前，展纸、磨墨，写了四个字"常想一二"。

朋友说："这是什么意思？"

我说："意思是说我的字写得不好，你看到这幅字，请多多包涵，多想一二件我的好处，就原谅我了。"

看到我玩笑的态度，朋友说："讲正经的，到底是什么意思？"

"俗话说'人生不如意事十之八九'，我们生命里不如意的事情占了绝大部分，因此，活着的本身就是痛苦的。但是扣除了八九成的不如意，至少还有一二成如意的、快乐的、欣慰的事情。我们如果要过快乐人生，就要常常想那一二成好事，这样就会感到庆幸、懂得珍惜，不致被八九的不如意所打倒了。"

朋友听了，非常欢喜，抱着"常想一二"回家了。

几个月后，他来探视我，又来向我求字，说是："每天在办公室劳累受气，一回到家看见那幅'常想一二'就很开心。但是墙壁太大，字显得太小，你再写几个字吧！"

对于好朋友，我一向都是有求必应的，于是为"常想一二"写了下联"不思八九"，上面又写了"如意"的横批，中间顺手画一幅写意的瓶花。

没想到又过了几个月，我再婚的消息披露报端，引来许多离奇的传说与流言的困扰。朋友有一天打电话来，说他正坐在客厅里我写的字前面，他说："想不出什么话来安慰你，念你自己写的字给你听：常想一二，不思八九，事事如意！"

接到朋友的电话我很感动。我常觉得在别人的喜庆里锦上添花是容易的，在别人的苦难里雪中送炭却很困难，那种比例，大约也是"八九"与"一二"之比。不能雪中送炭的不是真朋友，当然更甭说那些落井下石的人了。

不过，一个人到了四十岁以后，在生活里大概都锻炼出了"宠辱不惊"的本事，也不会在乎锦上添花、雪中送炭或落井下石了。那是由于我们早已经历过生命的痛苦和挫折，也经验过许多情感的相逢与离散，慢慢地寻索出生命中积极的、快乐的、正向的观想。这种观

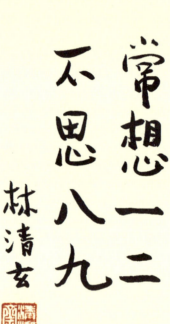

常想一二，不思八九，事事如意！

想，正是"常想一二"的观想。

"常想一二"的观想，乃是在重重的乌云中寻觅一丝黎明的曙光；乃是在滚滚红尘里开启一些宁静的消息；乃是在濒临窒息时浮出水面，有一次深长的呼吸。

生命已经够苦了，如果我们把五十年的不如意事总和起来，一定会使我们举步维艰。生活与感情陷入苦境，有时是无可奈何的，但如果连思想和心情都陷入苦境，那就是自讨苦吃、苦上加苦了。

在波涛汹涌的海上航行，我早已学会了面对苦境的方法。我总是想：从前的万般折磨我都能苦中作乐，眼下的些许苦难自然能逆来顺受了。

我从小喜欢阅读大人物的传记和回忆录，慢慢归纳出一个公式：凡是大人物都是受苦受难的，他们的生命几乎就是"人生不如意事十之八九"的真实证言，但他们在面对苦难时也都能保持正向的思考，能"常想一二"，最后，他们超越苦难，苦难便化成为生命最肥沃的养料，是为了他们开启莲花而做的准备。

使我深受感动的不是他们的苦难，因为苦难到处都有；使我感动的是，他们面对苦难时的坚持、乐观与勇气。

原来，"如意"或"不如意"，并不是决定于人生的际遇，而是取决于思想的瞬间。

原来，决定生命品质的不是"八九"，而是"一二"。

原来，苦难对陷入其中的人是以数量计算，对超越的人却变成质量。数量会累积，质量会活化。

常想一二，到处都有美丽的花朵与动人的乐章。

　　既然生命的苦乐都只是过程，我们何必放弃自我的思想去迎合每一个过程呢？

　　所以，静下心来想到从前的时候，要常常想那些美好的时光，追忆那些流金岁月与花样年华，以抚平我们内心的忧伤。

　　静下心来想到未来的时候，要常常思维未来的美丽梦想。在彼岸、在黄金铺地的国土，到处都有美丽的花朵与动人的乐章；在走向净土的路上，有诸菩萨与上善人相伴相扶持，以安慰我们在俗世的苦痛。

　　在不思维过去与未来的时候，就快乐地活在当下，让每一个当下有情有义、发光发热、如诗如歌！

　　我常常想：达摩祖师渡江的"一苇"，不是芦苇，不是小舟，也不是什么神通，而是一个思想的象征，象征在人生的险海波涛中若能"用美思维""以好静心"，纵使只有一苇，也能无畏地航行了。

正向时刻

一个人快乐的秘诀就是抓住正向时刻

● ○ ————————

狗的享受

路过家附近的一家银行，发现门口或坐或趴着五条狗。这五条狗原来是在市场附近的野狗，我认识的；它们本来各踞一处，怎么会同时坐在银行前面呢？银行对狗的价值应该还不如路边的面摊，为什么狗不去蹲面摊而要来蹲银行呢？我感到十分好奇。

更使我好奇的是，这五条狗的脸上都流露出非常满足的神情。于是我站在那里研究狗为什么这么满足；为什么整条街都不去，偏偏聚在银行的门口？

十分钟后，我找到答案了，因为银行的冷气开得很强，又是自动门，进出者众，每每有人出入，里面的冷气就会一阵阵倾泻而出，那些狗是聚在银行门口享受冷气呢！

七月，中午，在台北，有冷气真享受，连狗也知道。

台北秘笈

与朋友去信义路、基隆路口新开的诚品书店看书，无意间发现一张"台北书店地图"。

地图以浅咖啡色做底，仿佛一页撕下的线装书页，非常淡雅，一张一百元。

看到这张地图真是开心极了，台北有这么多的书店，台北还是很可爱的。

想到不久前在欧克斯家具店找到的"台北东区市街图"，或者可以出版一本书，书里全是分门别类的地图，例如"咖啡店地图""画廊地图""名牌服饰地图""茶艺馆地图""花店地图""古董店地图""餐厅地图"等等。

对了，或者可以有一张"特殊商店地图"，例如后火车站有一家很大的"线庄"，历史悠久，只卖各色针线。基隆路有一家"大蒜专卖店"，只卖各种大蒜的制品。统领百货巷内有一家只卖天然茶的店，好像叫"小熊森林"。松山有一家只卖普洱茶叶的"普洱茶专卖店"……

这些地图可以让我们看出台北的好。

是不是邀请许多艺术家，每一位为台北绘一张这样的地图，让初到台北的人也能知道，台北有许多特色，是不逊于欧洲的。

这样一本地图，书名可以叫作"台北秘笈"，副题是"专供初到台北的武林人物在午后秘密演练"。呀！想了就很开心。

坐火车的莲花

逛完书店，散步回家，惊见家门口有一株玫瑰，四朵宝蓝色莲花，靠在门上，站立着。

花里夹着一张便条。

原来是一位住在中坜的朋友，他从中坜火车站搭车要到基隆去看女朋友，看到花店，想买一朵玫瑰花送给女朋友。进了花店，看到四朵宝蓝色莲花联想到我，觉得顺路到松山，把莲花送我，再到基隆，送玫瑰给女友，行程就很完美了。

他在松山下车，步行到我家，原本要放了花就走，但大厦管理员对他说："林先生有黄昏散步的习惯，又穿拖鞋短裤，很快会回来了。"结果我去逛书店，他在门口枯等许久，一直到天黑才离去。

至于那朵要送女朋友的玫瑰，算算去基隆时间太晚了，"附赠送女友玫瑰一朵"，人就回中坜去了。

朋友留下的那封短笺，里面有格言似的留话："在这个世间，只要不会伤害别人的事，想做什么，就立刻去做吧。"

我把莲花和玫瑰插在花瓶，心想，有些朋友真像花园中的花突然

每天，有一些些正向的时光，便有好心情走向明天；
时时有正向的时刻，生命便无限美好，日日是好日，处处莲花开。

乍放，时常令人惊喜；下次也要想个什么方法，让他惊喜一下，或者两三下。

条纹玛瑙

暑假到了，在国外的朋友纷纷回来过暑假。

一个朋友从美国马里兰回来，特地来看我，送一个沉重的东西给我，说："送你一块石头，不成敬意。"

打开，是一块条纹玛瑙，大如垒球，有一公斤重；上半部纯红，下半部红、黄、白、绿，条条相间，真的是美极了。

"真是谢谢你！"我诚挚地说，企图掩藏心里的狂喜，由于朋友是腼腆的人，我担心没有掩饰的惊喜吓到他，所以就淡化了内心的欢喜。

朋友走了，我在书房里抱着那块条纹玛瑙，高呼万岁，不是为了它的昂贵，而是为了它的美，还有超越时空的友谊。

埔里荔枝

在埔里等候国光号的车北上，尚有二十分钟，在车站附近逛逛。

看到一家水果行，想到埔里的特产是荔枝和甘蔗，买了一株甘蔗、十斤荔枝，真不敢相信甘蔗和荔枝都是一斤二十五元；几天前在台北买荔枝，一斤六十元。

国光号上，先吃了荔枝，是籽细肉肥的品种，鲜美极了。

然后吃甘蔗，脆嫩清甜，名不虚传，果然是埔里甘蔗。

回到台北，齿颊仍然留着香气，四小时的车里，仿佛只是刹那。

处处莲花开

生命里有许多正向时刻，也有许多负向时刻。一个人快乐的秘诀，便是抓住那正向的时刻，使它更充盈；转化负向的时刻，使它得到清洗。

有人对我们深深地微笑；乡间道上的油麻菜开花了；炎热的夏天午后突来阵雨和凉风；一只凤蝶突然飞过窗边；在公园里偶然看见原田的彩虹；读了一本好书，听了一段动听的音乐……

每天，有一些些正向的时光，便有好心情走向明天；时时有正向的时刻，生命便无限美好，日日是好日，处处莲花开。

平凡最难

那些自命为大人物者，
何尝不也是宇宙中的一粒沙尘呢

●　○ ————————

与几位演员在一起，谈到演戏的心得。

有一位说："我喜欢演冲突性强的人物，生命有高低潮的。"另一位说："怪不得你演流氓演得好，演教师就不像样了。"

还有一位说："每次演悲剧就感觉自己能完全投入，演得真是悲惨；可是演喜剧就进不去，喜剧的表演真是比悲剧难呀！"另外一位这样答腔："那是由于在本质上，人生是个悲剧，真实的痛苦很多，真实的快乐却很少。"

大家七嘴八舌地讲自己对演出与人生的看法，却得到了两个根本的结论：一是不管电影、电视或舞台，演流氓、妓女、失败者、邪恶者、落拓者总是容易一些，也可以演得传神，那是因为大家对坏的形象有一种共同的认知；可是对善良的、乐观的人生却没有共同的标准。二是全世界最难演的人，就是那些平顺着过日子、没有什么冲突

平凡者，就是平顺、安常、知足，
平凡人的一生就是平安知足的一生。

的人，像教师、公务员、小职员、家庭主妇，因为他们的一生仿佛一开始就是那个样子，结束也就是那个样子了。

一个演员感慨地说："平凡是最难演的呀！"

我们如果把这句话稍做转换，可以变成是："平凡是最难的呀！"或者说："安于平凡是最难的呀！"尤其是当一个人可以选择轰轰烈烈地过日子时，他却选择了平凡；当一个人只要动念就可能获名得利满足欲望时，他却选择了平凡；当一个人位高权尊力能扛鼎时，他毅然选择了平凡。

最难得的是，一个人在多么不平凡的情况下，还有平凡之心，知道如何走进平凡人的世界，知道这世界原是平凡者所构成，自己的不平凡是多数人安于平凡所造成的结果。

平凡者，就是平顺、安常、知足，平凡人的一生就是平安知足的一生。一个社会格局的开创固然需要很多不凡人物的创造，但一个社会能持久安定维持文化的尊严与品格，则需要许多平凡人的默默奉献与牺牲。

每个人青年时代的立志，多是要做顶天立地的大丈夫，要做叱咤风云的大人物；可是到了后来才发现，其实自己也不过是社会里平凡的一分子，没能成为真正的大英雄大豪杰。但我们从更高的角度看，那些自命为大人物者，何尝不也是宇宙中的一粒沙尘呢？

这并不是说我们不要立大志，而是当我们往大的志向走去时，不管成功或失败，都要知道"平凡最难"！

平凡不只是演员在戏台上最难扮演，在实际人生里也是最难的一种演出。

不是茶

茶道的最高境界竟然不是茶

● ○ ────────

日本茶道大师千利休，是日本无人不晓的历史人物。他的家教非常成功。千利休家族传了十七代，代代都有茶道名师。

千利休家族后来成为日本茶道的象征，留下来的故事不计其数，其中有三个故事我特别喜欢。

千利休到晚年时，已经是公认的伟大茶师。当时掌握大权的将军丰臣秀吉特地来向他求教饮茶的艺术，没想到他竟说饮茶没有特别神秘之处。他说："把炭放进炉子里，等水开取适当程度，加上茶叶使其产生适当的味道。按照花的生长情形，把花插在瓶子里。在夏天的时候使人想到凉爽，在冬天的时候使人想到温暖，没有别的秘密。"

发问者听了这种解释，便带着厌烦的神情说，这些他早已知道了。千利休厉声回答说："好！如果有人早已知道这种情形，我很愿意做他的弟子！"

千利休后来留下一首有名的诗，来说明他的茶道精神：

先把水烧开，

再加进茶叶，

然后用适当的方式喝茶，

那就是你所需要知道的一切。

除此以外，茶一无所有。

这是多么动人！茶的最高境界就是一种简单的动作、一种单纯的生活。虽然茶可以有许多知识学问，在喝的动作上，它却还原到非常单纯有力的风格，超越了知识与学问。也就是说，喝茶的艺术不是一成不变的，随着每个人的个性与喜好，用自己"适当的方式"，才是茶的本质。如果茶是一成不变的，也就没有"道"可言了。

另一个动人的故事是关于千利休教导他的儿子。日本人很爱干净，日本茶道更有着绝对一尘不染的传统。如何打扫茶室因而成为茶道艺术极重要的传承。

传说当千利休的儿子正在洒扫庭园小径时，千利休坐在一旁看着。当儿子觉得工作已经做完的时候，他说："还不够清洁。"儿子便出去再做一遍，做完的时候，千利休又说："还不够清洁。"这样一而再再而三地做了许多次。

过了一段时间，儿子对他说："父亲，现在没有什么事可以做了。

人文与自然和谐乃是环境的最高境界。

石阶已经洗了三次，石灯笼和树上也洒过水了，苔藓和地衣都披上了一层新的青绿，我没有在地上留下一根树枝或一片叶子。"

"傻瓜，那不是清扫庭园应该用的方法。"千利休对儿子说。然后站起来走入园子里，用手摇动一棵树，园子里霎时间落下许多金黄色和深红色的树叶。这些秋锦的断片，使园子显得更干净宁谧，并且充满了美与自然，有着生命的力量。

千利休摇动树枝，是在启示人文与自然和谐乃是环境的最高境界。在这里也说明了一位伟大的茶师是如何从茶之外的自然得到启发。如果用禅意来说，悟道者与一般人的不同也就在此，过的是一样的生活，对环境的观照已经完全不一样。他能随时取得与环境的和谐，不论是秋锦的园地或瓦砾堆中都能创造泰然自若的境界。

还有一个故事是关于千利休的孙子宗旦。宗旦不仅继承了父祖的茶艺，对禅也极有见地。

有一天，宗旦的好友京都千本安居院正安寺的和尚，叫寺中的小沙弥送给宗旦一枝寺院中盛开的椿树花。

椿树花一向就是极易掉落的花。小沙弥虽然非常小心地捧着，花瓣还是一路掉下来。他只好把落了的花瓣拾起，和花枝一起捧着。

到宗旦家的时候，花已全部落光，只剩一枝空枝。小沙弥向宗旦告罪，认为都是自己粗心大意才使花落了。

宗旦一点也没有怨怪之意，并且微笑地请小沙弥到招待贵客的"今日庵"茶席上喝茶。宗旦从席床上把祖父千利休传下来的名贵的国城寺花筒拿下来，放在桌上，将落了花的椿树枝插于筒中，把落下的花散放在花筒下，然后他向空花及空枝敬茶，再向小沙弥献上一盅清茶，谢谢他远道赠花之谊。两人喝了茶后，小沙弥才回去向师父复命。

宗旦表达了一个多么清朗的境界！花开花谢是随季节变动的自然，是一切的"因"；小和尚持花步行而散落，这叫作"缘"。无花的椿枝及落了的花，一无价值，这就是"空"。

从花开到花落，可以说是"色即是空"，但因宗旦能看见那清寂与空静之美，并对一切的流动现象，以及一切的人抱持宽容的敬意，他把空变成了一种高层次的美，使"色即是空"变成"空即是色"。

对于看清因缘的人，"色不异空""空不异色"也就不是那么难以领会了。

老和尚、小沙弥、宗旦都知道椿树花之必然凋落，但他们都珍惜整个过程，这就是我们常说的"惜缘"。惜缘所惜的并不是对结局的期待，而是对过程的宝爱呀！

在日本历史上，所有伟大的茶师都是学禅者。他们都向往沉静、清净、超越、单纯、自然的格局。一直到现代，大家都公认不学禅的人是没有资格当茶师的。

因此，关于茶道，日本人有"不是茶"的说法。茶道之最高境界竟然不是茶。从这里也可以看出人们透过茶，是在渴望着什么。简单地说，是渴望着渺茫的自由，渴望着心灵的悟境，或者渴望着做一个更完整的人吧！

人们透过茶，是在渴望着渺茫的自由，
渴望着心灵的悟境，或者渴望着做一个更完整的人吧！

学看花

一个人只有在小节小行上守清规，
才能放出人格的馨香

● ○ ————————

现代通家南怀瑾居士，有一次谈到他少年时代，一心想学剑的故事。

他听说杭州西湖城隍山有一个道人是剑仙，就千里迢迢跑去求道学剑，经过很多次拜访，才见到那位仙风道骨的老人。老人先是不承认有道，更不承认是剑仙，后来禁不起恳求，才对南先生说："欲要学剑，先回家去练手腕劈刺一百天；练好后再在一间黑屋中，点一支香，用手执剑以腕力将香劈成两片，香头不熄；然后再……"

老人说了许多学剑的方法，南先生听了吓一跳，心想劈一辈子也不一定能学会剑，更别说当剑仙了，只好向老人表示放弃不学。这时，老人反过来问他："会不会看花？"

"当然会看。"南先生答曰，心想，这不是多此一问吗？

"不然，"老人说，"普通人看花，聚精会神，将自己的精气神，都倾泻到花上去了；会看花的人，只是半觑着眼，似似乎乎的，反将花的精气神，吸收到自己身上来了。"

南先生从此悟到，一个人看花正如庄子所说："与天地精神相往来。"不只是看花，乃至看树、看草、看虚无的天空，甚至看一堆牛粪，都是借以接到天地间的光能。看花的会不会，关键不在看什么，而在于怎么看。

所以，南先生常对跟他学道的人说：先学看花吧！

南先生所说的"学看花"和禅宗行者所说的"瓦砾堆里有无上法"意思是很相近的，也很像学佛的人所说的"细行"，就是生活中细小的行止。如果在细行上有所悟，就能成其大；如果一个人细行完全，则动行举止都能处在定境。因此，细行对学佛的人是非常重要的，民初禅宗高僧来果禅师就说："我人由一念不觉，才有无明。无明只行细行，未入名色，今既复本细行，是知心源不远……他人参禅难进步，细行人初参即进步。"

我们常说修习菩萨道，要注意"三千威仪，八万细行"，就是指对生活中的一切小事都不可空忽，应该知道一切的语默动静都有深切的意义。

顾全细行，究竟有什么意义呢？

从前，佛陀在世的时候，有一天到忉利天宫，帝释（即俗称玉皇大帝者）设宴供养，佛陀即把帝释也化成佛的形相。佛陀的弟子目犍连、舍利弗、迦叶、须菩提等人随后到了忉利天，看到两个佛陀坐在里面，不知道哪一位才是佛陀，难以上前问礼。目犍连尊者心惊毛竖，赶紧飞身到梵天上，也分不清哪一个是佛；又远飞九百九十恒河沙佛土之外，还是分不清（因为佛法身大于帝释，理论上应该从远处即可分清）。

目犍连尊者急忙又飞身回来，找舍利弗商量要怎么办。舍利弗说："诸罗汉请看座上哪个有细行？眼睛不乱翻，即是世尊。"

佛陀的弟子这时才从细行分出真假佛陀，齐向佛前问礼。佛陀对他们说："神通不如智慧，目犍连粗心，不如舍利弗细行。"（按：目犍连是佛弟子中神通第一，舍利弗则是智慧第一。）佛陀的意思是智慧是从细行中生出，只有细行的人才能观到最细微深刻的事物。

细行，包括行、住、坐、卧、言语、行事、威仪等等一切生活的细微末节，来果禅师就说一个人能细行到最微细处，能听到蚂蚁喊救命而前去救护。他曾说到自己的经验："余一日睡广单（即通铺），闻声哭喊，下单寻觅，见无脚虱子，在地乱碰乱滚。"心如果能细致到这步田地，还有什么不能办呢？

民初律宗高僧弘一大师，是南山律宗的传人，持戒最为精严，平时走路都怕踩到虫蚁，因此常目视地上而行。弘一大师的事迹大家在《弘一大师年谱》《弘一大师传》中都很熟悉，但有一件事是大家比较不知道的。

弘一大师晚年受至友夏丏尊先生之托，为开明书局书写字典的铜模字；已经写了一千多字，后来不得不停止。停止的原因，弘一大师在写给夏丏尊的信中曾详细述及，最重要的一个原因，他写道："去年应允此事之时，未经详细考虑，今既书写之时，乃知其中有种种之

会看花的人，就会看云、看月、看星辰，
并且在人世中的一切看到智慧。

字，为出家人书写甚不合宜者。如刀部中残酷凶恶之字甚多。又女部中更不堪言。尸部中更有极秽之字。余殊不愿执笔书写。"最后，弘一大师无可奈何地写道："余素重然诺，绝不愿食言，今此事实有不得已之种种苦衷，务乞仁者向开明主人之前代为求其宽恕谅解，至为感祷。"

我读《弘一大师书简》到这一段时，曾合书三叹，这是极精微的细行，光是书写秽陋的字就觉得污染了自己的身心，我近年来也颇有这样的体会。对我们靠文字吃饭的人，读到弘一大师的这段话，能不惭愧忏悔吗？

当然，我们凡夫要做到高僧一样的细行，非常困难。不过从世俗的观点来看，要使自己的人格身心健全，细行仍然是必要的，怎么样学细行呢？

先学看花！再学看牛粪！

学看花固然是不因花香花美而贪着，学看牛粪则也不因粪臭粪恶而被转动，这样细行才守得住。正是佛陀在《杂阿含经》中说的："诸所有色，若过去若未来若现在，若内若外，若粗若细，若好若丑，若远若近。彼一切非我，非我所，如实观察受想行识，亦复如是……如是观察，于诸世间都无所取。无所取故，无所着；无所着故，自觉涅槃。"

佛经里常以莲花喻人，若我们以细行观莲花，一朵莲花的香不是花瓣香，或花蕊香，或花茎香，或花根香，而是整株花都香。如果莲花上有一部分是臭秽的，就不能开出清净香洁的莲花了。此所以有人把戒德称为"戒香"，一个人只有在小节小行上守清规，才能使人放出人格的馨香。注意规范本身就是一种香洁的行为。

会看花的人，就会看云、看月、看星辰，并且在人世间的一切看到智慧。

"会看"就要先有细致的心，细致的心从细行开始，细行犹如划着一支火柴，细致的心犹如被点燃的火炬。火炬不管走进多么黑暗的地方，非但不和黑暗同其黑暗，反而能照破黑暗，带来光明！火炬不但为自己独自照亮，也可以分燃给别人，让别人也有火炬，也照亮黑暗。

此所以莲花能出淤泥而不染。

此所以仁者能处浊世而不着。

细行能成万法，所以不能小看花，不能明知而走错一步。万一走错了，要赶紧忏悔回头，就像花谢还会再开！就像把坏的枝芽剪去，是为了开最美的花。

那么，让我们走进花园，学看花吧！

失落的王者之香

走得快速，就失去从容；
过得繁复，就失去单纯

● ○ ────────

掬水月在手，弄花香满衣。

——《虚堂录》

　　朋友邀我去参观兰花园。我以为会看到在温室里美轮美奂的兰花，却大出意外地看见一个巨大的工厂。兰花工厂里，有许许多多小试管、中试管和大一些的玻璃试管。兰花是一大群一大群地"养"在试管里，靠着营养液成长；稍大一些，就换一个试管。

　　现在兰花的种植已不像从前了。从前的兰花要通过分芽来繁殖，一株兰花的养成要经年累月；现在的兰花用的是试管，只要一丁点儿的细胞就可以分种出新的兰花。

　　最后，花期将至，把兰花放在小塑胶盆里，一株株排列整齐，等到花苞结满，就可以出货了。

我站在那数十万株兰花的工厂里，心情非常复杂，感觉不像是站在花园里，而像是站在"鸡寮"或"猪舍"。美，霎时隐没了。

一个长久思索的答案显现了：现在不管在何时何地看见的兰花都是一个样子——花朵巨大完整，花枝修长挺立。那是缘于它们都是"工厂制造"的成品，不会有虫鸟的咬吃，不会有风雨的痕迹，也不会因为外在的因素长得歪曲、怪异，更不会有时空的变化与沧桑！

作为一株花的形是确立了，但是作为一株花的神却失散了！

种兰的朋友告诉我，通过现代的种兰科技，已完全打破名兰的神话。从前一株达摩兰曾要价千万元，因为繁殖不易，物以稀为贵呀！现在一下子就可以种出千株达摩兰，所以，"达摩兰一株只要一百元！"

其他的名种兰也是一样，娇贵无比的兰花已经成为非常平价的花卉，甚至比一般的花还要便宜。

朋友遗憾地说："比较可惜的是，用试管种出的兰花，是没有香气的。人说兰花香是'王者之香'，在万香中为第一；现代的兰花却完全失去了香气，我们找不到原因，所以在种植的过程中也无从改良了。"

是呀！古代以梅、兰、竹、菊来象征君子的风骨，兰花的芳香正代表了君子有人格的芬芳；失去了芳香的兰花又要以什么来比喻君子呢？

从前的人弄花而香满衣，踏花归去而马蹄留香；现代的人把花都戴在身上，也不会有什么香气。这不正象征现代人不重视人格的芬芳吗？兰花的香气源于缓慢的成长、岁月的累积，是无法在试管中速成

兰花的香气源于缓慢的成长、岁月的累积，
是无法在试管中速成的，人格的馨香不也是一点一滴习染的吗？

的，人格的馨香不也是一点一滴习染的吗？

花香是外放的，也是内藏的，生命的悟境也是如此。

在月圆之夜，你在湖边掬水，掬起来的每一捧水，里面都有月亮，湖中也有月亮，乃至千江有水千江月！月亮是那么多，却只有捧在手中的月影，是如此真实！

商人波利入海求宝，海神从水中出来说：

"海水为多，掬水为多？"

波利答曰："掬水为多。所以者何？海水虽多，无益时用，不能救彼饥渴之人；掬水虽少，值彼渴者，持用与之，以济其命。"

掬水一捧就能救济生命，掬水一捧就能看见天上的明月。这就是为什么禅宗祖师开悟了说出"掬水月在手，弄花香满衣"这么优美的话。

会心不远，明月也在掬水之间。

心不着境，走过生命的落花，也有满身的花香。

走出朋友的兰花工厂，内心颇感失落。生命的天平或许就是如此，走得快速，就失去从容；过得繁复，就失去单纯；生活忙碌，就失去平静……

掬水与花香，值得细细思量。

一个人不管处在任何环境，都要坚持心灵深处的某些质地，因为有时生命的意义只在说明一些最初的坚持。

贰

CHAPTER
TWO

忠于内心

在复杂的世界里，做一个简单的人

本来面目

只有本来面目，
才能使我们做一个完整的人

● ○ ────────

　　我常常觉得在现代社会里，真实的人愈来愈难见了。

　　所谓"真实的人"，就是有风格的人、特立独行的人、卓尔不群的人、不随同流俗的人——也就是对生活有一套自己的看法，对生命有一个独立的理想目标的人。

　　这样的人在古代颇为常见，即使到二十世纪三〇年代，中国还出过许多有风格的人。我把这种人称为"本来面目"，这"本来面目"就像古代的禅师对山说："山啊！请脱掉披覆在你外表的雾衣吧！我喜欢看你洁白的肌肤。"

　　遗憾的是，我们现代人往往忘失了原来的洁白肌肤，而在外表披覆了雾衣，所以当我们说"古道照颜色，典型在宿昔"的时候特别感触良深。为什么颜色都在古道，典型都在宿昔？我们这一代的人有什么颜色？什么典型呢？

所谓"真实的人"，就是有风格的人、特立独行的人、
卓尔不群的人、不随同流俗的人。

　　有时候我会想：为什么现代人既没有颜色，也没有典型？然后自
己拟出了两个答案：一个是现代人失去了单纯的生活，也失去了单纯
的对生命理想的热爱。一般大人物的一天固然是案牍劳形、送往迎
来、觥筹交错、演讲开会，二十四小时里难得有十分钟静下来沉思，
对生活与生命的本质就难以了然。而小人物呢，为了三餐奔波辛劳，
为了逢迎拍马费心，为了物欲享受而拼命，虽然空闲较多，但是夜间
或在秦楼酒馆流连，或在家里盯着电视不放，更别说静下来思想了。
　　这真是个社会的危机。我时常到乡下去，发现如今的乡下人不
再是"日出而作，日入而息"，而是跟随着电视作息，到半夜才入

眠；都市人更不用说了——为什么没有人能静静地坐上几分钟、一小时呢？

一个是现代人常强人所难和强己所难。我们常看到一种情况，一桌酒席下来，主客喝了十几瓶洋酒。请的人心疼不已，仍勉强自己请之；被请的人过意不去，仍勉强别人请之，然后说这是尽兴。

推而广之，是自己不愿做的事推给别人做，或者别人不肯做的事推给自己做。可叹的是，我们做一件事的原因，往往是别人喝完一杯咖啡时，在白纸上写下我们的名字。有时候因为这样决定了我们的一生，反之亦然。所以我们在写下一个名字时，是不是也站在别人的立场想一想呢？

我们的本来面目，就因为生活不能单纯，因为强人所难与强己所难而失去了，久而久之就像同一厂牌的原子笔，每一支虽是独立的个体，而每一支都一样。这像禅宗说的"白马入芦花"，有的人明明是白马，入芦花久了，白白不分，以为自己是芦花了。

也像是"银碗里盛雪"，本来是银碗的人为雪所遮，时日既久，自以为雪，而在时间中融化了。

本来面目非常重要，只有本来面目，才能使我们做一个完整的人，做一个自在的人，做一个独立和成功的人。

还我本来面目的第一件事是一天花十五分钟坐下来想想：我是谁？我从哪里来？我要往哪里去？现在的生活是不是我要的？什么生活才是我要的？

然后，我们才有机会做一个有风格的人，做一个真实的人，做我自己。

精进料理

不管吃什么料理，
内心都一样的明澈与精进

● ○ ————————

　　在日本，把素食者称为"精进者"，素食则叫作"精进料理"，这是最近我到日本旅行才知道的。我很喜欢"精进料理"这个名词，它使素食不再是静态的，而成为一种行动，或者一种实践。我觉得这个名词是宜于沉思的。

　　由于素食的关系，使我感觉到旅行的时候常常带来不便。若到西方国家，往往只有以面包和生菜沙拉果腹。但这种不便也不只发生在旅行中，就是在国内赴朋友的饭局也常觉得惭愧，因为满桌的珍肴都无以下箸，还要叫主人特别准备一碗清淡的素面。这样，主人常觉得招待不周，而我则为带给人麻烦，心中不安。

　　在城市里还好，因为城里到处都有素食餐馆，饭局又多在餐厅进行；即使在荤菜馆子里，请厨子做两样素菜也不困难。一旦到了乡下，常弄得备菜的主妇手忙脚乱。

其实，素食者是很随缘随意的，青菜豆腐、酱菜花生就感到与山珍海味无异，只是使主人觉得招待不好，我的心中总是过意不去。

近来住在乡下，又逢年关，来请吃尾牙的乡下人很多。我很喜欢那种热闹的场面，常一再地嘱咐只要一盘素菜、一碗白饭就是最好的招待，或者只要一盘素炒米粉就够丰盛了，却由于乡下人盛情，常为我一个人做五六道素菜，这就使我心怀愧疚。一来我自己吃不了那么多，二来从没做过素食的主妇一定费了不少心血，三来我何德何能接受如此的盛情呢？

所以，我常想到，中式的素食还可以有更大的改进，使其更方便，更合乎营养，不至浪费。像在日本的传统式餐馆，不论城乡，菜单里都会有"精进料理"一栏：最常见的是一碗面，其次是"定食"。定食以划格的餐盘盛装，内有白饭一碗，味噌汤一碗，小菜三四样，既简单又清爽。日本食物分量不大，总可以吃得干净，也不至于撑饱，真是最好的素食形式。

因为到处都有"精进料理"，使我在日本旅行感到并无不便。偶尔到没有素食的馆子，只要在白纸上写"精进料理"四字，也都能很快地送来一份定食。可见日本人虽爱吃海味，素食还是很普遍而有传统的；他们对素食也十分敬重。

"精进料理"这四个字，使我们吃素食时可以感受到素食的意义。因为"精进"乃是菩萨六度——布施、持戒、忍辱、精进、禅定、智慧中很重要的一环，使我觉得连吃饭时都能常怀感恩与精进。

我也喜欢香港人把素食称为"上素"，例如"麻油上素""罗汉上素""豆腐上素"等等。在广式茶楼里，虽然大部分是大鱼大肉，但通常有一道"罗汉上素捞面（或汤面、炒面）"，还有一道是"芥蓝上素"。对素食者而言，如此简单的食物，滋味却在满桌荤腥之上，所以堪称"上素"。

素食当然不是什么了不起的事，一个人能以素食维生是分内应为，因为人不应该为了满足一己的口腹之欲，用动物的生命做牺牲。可是由于素食给他人带来不便，甚至招来别人的物议，那就让我常怀惭愧心了。

我想起六祖慧能在二十三岁时就顿悟了，可是他在近四十岁才出来弘法，其中有十七年的时间他生活在人群里，甚至有许多年隐居在猎人队伍里吃肉边菜，却没有人发现他是禅宗祖、法门龙象，这种情怀真是伟大无比。可见重要的还不在于吃精进料理，而在于，不管吃什么料理，内心都一样的明激与精进。

在台湾，不只是荤菜常一盘盘倒掉，即使偶尔吃素食宴席，也总是分量太大，糟蹋了食物。像日式的"精进料理"或港式的"上素"都是值得提倡的。虽说名相并不重要，但我多么希望，在"精进"及"上素"中，我们能体会到素食更深刻的意义！

飞翔的木棉子

不管处在任何环境，
都要坚持心灵深处的某些质地

● ○ ────────

开车从光复南路经过，一路的木棉正盛开，火燃烧了一样，再转罗斯福路、仁爱路、复兴南路、中山北路，都是正向天空招扬的木棉花。每年到这个时候，都市人就知道春天来了，也能感觉到台北不是完全没有颜色的都市。

如果是散步，总会忍不住站在木棉树下张望；或者弯下腰，捡拾几朵刚落下的木棉花，它的姿形与色泽都还如新，却从树上落下了，仿佛又坠落了一个春天，夏的脚步向前跨了一步。

木棉花落下的声音比任何花都巨大，啪嗒作响，有时真能震动人的心灵，尤其是在都市比较寂静的正午时分，可以非常清晰地听见一朵木棉花离枝、破风、落地的响声。如果心地足够沉静，连它落下滚动的声息都明晰可闻。

但都市木棉花的落地远不如在乡下听来可惊，因为都市之木棉不会结子是人人都知道并习以为常的，因此看到满地木棉花也不觉稀奇。在我生长的南部乡下，每一朵木棉花都会结子，落下的木棉花就显得可惊了。

有一次，我住在亲戚家里，亲戚家院里长了两株高大的木棉，春雷响后，木棉开满橙红的花，那种动人的景观只有整群燕子停在电线上差堪比拟。但到了夜半，坐在厢房窗前读书，突然听见木棉花落，声震屋瓦，轰然作响，扯动人的心弦。为什么南方木棉花的落地，会带来那么大的震动呢？

那是由于在南方，木棉花在开完后并不凋谢，而在树上结成一颗坚实的果子。到了盛夏，果子在阳光下噗然裂开。这时，木棉果里面的木棉子会哗然飞起，每一粒木棉子长得像一个小钢珠，拖着一丝白色棉花，往远方飞去——那些裂开时带着弹性之力且借着风走的木棉子，可以飞到数里之遥，然后下种，抽芽，长成坚强伟岸的木棉树。这就是为什么在乡下广大的田野里，偶尔会看见一株孤零零的木棉树，那通常是越过几里村野的一颗小小木棉子，在那里落地生根的。

所以，乡下木棉花落会引人叹息，因为它预示了有一朵花没有机会结子、飞翔、落种、成长。尤其当我们看到一朵完整美丽的花落下特别感到忧伤，会想到：这朵花为何落下，是失去了结子的心愿呢，还是沉溺自己的美丽而失去了力量？

这些都不可知。但我们看到城市落了满地的木棉花感到可怕。为什么整个城市美丽的木棉花，竟没有一朵结子？更可怕的是，大部分人都以为木棉花掉落是一种必然，甚至忘记这世界上有飞翔的

有时生命的意义只在说明一些最初的坚持，
放弃生命的坚持的人，到最后就如城市里的木棉一样，
只有开花的心情，终将失去结子与飞翔的愿力。

木棉子。

是不是整个城市的木棉花都失去了结子与飞翔的心愿呢？

有时候这种对自然的思考，会使我感到迷惑。就在我们这个相连的岛屿，北回归线以南的壁虎叫声非常清澈响亮，以北的壁虎却都是哑巴；若以中央山脉为界，中央山脉以西的白头翁只只白头，以东的同一种鸟却没有白头的，被叫作乌头翁。我常常想，如果把南方会叫的壁虎带过北回归线，它还叫不叫？把西边的白头翁带过中央山脉，它的头白不白？

可惜没有人做过这种试验，使我们留下一些迷思。但有一个例子说不定可以给我们启示性的思考。在中央山脉走到尾端的恒春，由于没有中央山脉为界，同时生长着白头翁与乌头翁，白者自白，黑者自黑；还有沿着北回归线生长的壁虎，有会叫的也有哑巴的，嚣者自嚣，默者自默。那么，或黑或白，或叫嚣或沉默，是不是动物自己的心愿呢？或许是的。这个答案使我们对于都市木棉花的颜色从火的燃烧顿时跌入血的忧伤，它们是失去了结子的心愿，还是对都市的生存环境做着无言的抗议呢？

我有时开车经过木棉夹道的路段，有些木棉花滚落到路中央，车子辗过仿佛听闻到霹雳之声，使人无端想起车轮下的木棉花，如果在南方，它会结出许许多多木棉子，每一粒都带着神奇的棉花翅膀，每一粒都饱孕着生命的力量，每一粒都怀抱着飞翔到远方的志愿……因为有了这些，每一次木棉的开起，都如晨光预示了新的开始。都市里不能结子的木棉花，每一次开起，都宣告了一个春天即将落幕，像火红的、一直坠入天际的晚霞。

　　有一天，我在仁爱路上拾起几朵新凋落的木棉花，捧在手上，还能感觉到它在树上犹温的血。那一刻我想：一个人不管处在任何环境，都要坚持心灵深处的某些质地，因为有时生命的意义只在说明一些最初的坚持；放弃生命坚持的人，到最后就如城市里的木棉一样，只有开花的心情，终将失去结子与飞翔的愿力。

孤独的艺术

群峦叠嶂是美，
一山独立又何尝不美

● ○ ──────

苏东坡寓居黄州时填过一阕《卜算子》：

缺月挂疏桐，漏断人初静。谁见幽人独往来，缥缈孤鸿影。

惊起却回头，有恨无人省。拣尽寒枝不肯栖，寂寞沙洲冷。

这阕词曾引起很多争论，尤其"拣尽寒枝不肯栖"更是。我最喜欢《耆旧续闻》里陈鹄的解释：取兴鸟择木之意。这阕词寄意高奇，将东坡谪居黄州时的孤独心境全写出来了。

世人在听人提到"孤独"一词时，往往含带同情和怜惜，如同雾里看花，根本谬解了当事人的心境。东坡词就是一个很好的解说。

我们看群树成林固然是美，孤树挺立于原上又何尝不美？我们看白鹭群栖固然是美，独鹭浅行溪畔又何尝不美？群峦叠嶂是美，一山

独立又何尝不美？况后者更能让人体会出俊秀挺拔的意义。杜甫望泰
山时曾写《望岳》一诗，中有两句："会当凌绝顶，一览众山小。"这
便是个很好的例证。

戴叔伦的《游清溪兰若》中的诗句"西看叠嶂几千重，秀色孤
标此一峰"，更将孤峰的俊奇描述得兴会淋漓。韩愈的"异质忌处
群，孤芳难寄林"，朱凋的"隆冬凋百卉，江梅厉孤芳"，也都是描写
"孤峭卓立"的好例证。但是真正把"孤独"超升到艺术境界的，要
数柳宗元的《江雪》：

千山鸟飞绝，万径人踪灭。
孤舟蓑笠翁，独钓寒江雪。

在白茫凛冽、广阔无边的千山里，不但没有丝毫人烟，连飞鸟都
绝了踪影。一苇小舟上栖一位孤独的老翁，手执微不可辨的鱼竿，静
静地垂向江面，钓着寒江中的白雪。那是如何的一幅画面呢？孤独所
呈现的美感在短短的二十字里表现无遗。

孤独时，景物固能如上所述的那样，显露出孤独的美，人又何尝
不是呢？李白曾经写过一首有名的《月下独酌》：

花间一壶酒，独酌无相亲。
举杯邀明月，对影成三人。
月既不解饮，影徒随我身。

暂伴月将影，行乐须及春。

我歌月徘徊，我舞影零乱。

醒时同交欢，醉后各分散。

永结无情游，相期邈云汉。

李白原本是独自在月下饮酒，却由于高逸的诗思，能把明月和影子招呼来一起饮酒。作者在孤独时天人合一、物我相忘的心情全表现出来了，从无情的明月和影子到有情的"交欢"，打破了云汉间的高远距离。李白是一位仙才，可以说用短短的一首诗已说出了孤独艺术的最高境界。

唐朝还有一位诗人王维，省察王维的诗可以发现，他的诗思绝大多数都是在孤独里咏叹孤独，他的诗境里也在显现着孤独的情趣。如他有名的《竹里馆》：

独坐幽篁里，弹琴复长啸。

深林人不知，明月来相照。

以及他的《终南别业》：

中岁颇好道，晚家南山陲。

兴来每独往，胜事空自知。

行到水穷处，坐看云起时。

偶然值林叟，谈笑无还期。

这两首诗都是很好的例子，他从孤独出发又复返孤独的诗歌意境，在唐代诗人中独树了一种风格。

不但在美感和诗歌里，孤独有它的价值，在事实生活中，孤独也有它的意义。《孟子·尽心篇》已经说出了这个道理："独孤臣孽子，其操心也危，其虑患也深，故达。"后来许多史书里的人物都印证了这个事实。像《后汉书·戴良传》曰："我若仲尼长东鲁，大禹出西羌，独步天下，谁与为偶。"《隋书·萧吉传》曰："吉性孤峭，不与公卿相沉浮。"这些都表明了孤介清正不随俗的人格形态。

孤独之为大用矣！

佛家有云："不二曰一，不异曰如；不二不异，谓之一如，即真如之理。"到了"清溪深不测，隐处唯孤云"，便是一种艺术境界；一旦能"非但处而特立于一身，亦出而独行于一世"，便是将孤独的艺术与生活结合为一体，无所不在而见其神了。

空白笔记本

唯有抓住生活的真实，
才能填补生命的空白

● ○ ────────

在急速流过的每一天

我们为生活

留下什么呢

到一家非常精致、讲究品位的书店买书，顺道绕到文具部去，发现一个非常奇特的现象。

在这家书店里的书，售价都在一百到两百元之间，可是一本普通的笔记本售价都在两百元以上，稍微精致一点的则在五百元以上。由于我平常都使用廉价的笔记本来记事，使我对现今笔记本的售价感到有点吃惊。

站在作者的角度，一本书通常所使用的纸张都比笔记本要多要好，而一本书的成本有印刷、排版、校对、版税等费用，理论上成本比笔记本高得多。再加上书籍的流通有特定对象，范围比笔记本小得多，销路比不上笔记本。因此，一本笔记本售价在五百、一千元，感觉上价格是不太合理的。

我问店员小姐说："为什么这些笔记本这么贵呢？比一本书贵太多了！"

她给了一个我意想不到的答复。她说："哎呀！书都是别人写的，写得再好也是别人的思想；笔记是给自己写的，自己的想法当然比别人的想法卖得贵了。"

说得真好！

走出书店，我沿着种满香樟树的敦南大道散步，想到笔记本卖得昂贵其实是好现象，表示这个社会的人生活比从前富裕了，大家也更讲究质量了，有能力花更多的金钱来购买进口的文具。

但是我立刻想到，从前的作家钟理和在写作的时候，甚至没有钱买稿纸，很多文章是写在破旧的纸片上。今年春天我特别到美浓去看钟理和纪念馆，看到作家工整的笔迹写在泛黄的纸片上，心中感慨良深。

接着我想到了，现在大部分的人都用昂贵的笔记本，但真正拿来写笔记的又有几人呢？记得我在离开书局的时候，店员小姐说："现在很多人花钱买笔记本不是用来写的，他们只是收藏笔记本，有的人一次买很多本呢！"这还是我第一次听到有人专门收藏笔记本。他们可能从来不写笔记，但他们不断地买笔记本，使得笔记本的设计日益精美，售价也一天比一天昂贵了。

如果我们不能在急速流过的每一天，为生活留下一些什么，
生活就会如海上的浮沤，一粒粒破灭，终至消失。

比较起来，我自己是有点实用主义的倾向，再美丽精致的笔记本拿到手里总是要写的；有时候，一年要写掉很多笔记本。由于消耗量大，反而不会太在乎笔记本的质量。

但是一本写满自己的生活、感受与思想的笔记本，虽然形式简单、纸张粗糙，总比那些永远空白的昂贵笔记本有价值得多。在这一点上，我觉得店员小姐说得好极了，笔记本是为了记录自己思想而存在的，如果我们只是欣赏而不用它，岂不是辜负了那棵因做笔记本而被牺牲的树吗？

一个人活在世上，可能庸庸碌碌地过一辈子，然后什么都没留下就离开了尘世，因此我常鼓励别人写笔记，把生活、感受、思想记录下来。这样，一则可以时时检视自己生命的痕迹；二则透过静心写笔记的动作可以"吾日三省吾身"；三则逐渐使自己的思想清明有体系。

一天写几页笔记不嫌多，一天写一句感言不嫌少，深刻的生命、思维就是这样成熟的。如果我们不能在急速流过的每一天，为生活留下一些什么，生活就会如海上的浮沤，一粒粒破灭，终至消失。

我们有很多人有密密麻麻的电话簿，有麻麻密密的账簿；也有很多人在做生涯的规划，做五年计划、十年计划。可是有谁愿意给自己的今天写些什么呢？愿意给生活的灵光一闪写些什么呢？

唯有我们抓住生活的真实，才能填补笔记本的空白；若任由生活流逝，笔记本就永远空白了。

欢乐中国节

人的身心只是一个乐器，
演奏什么音乐完全靠自己

●　○　────────

　　传说在中国有三位修行者，没有人知道他们的名字，只知道他们
是爱笑的圣人。因为当人们看到他们时，他们总是在笑，从一个城市
笑到另一个城市。

　　每到一个新城市，他们就会在市场、街道或广场中央大笑，使附
近的人都过来围着他们；慢慢地，本来迟疑的人也走过来了，像口渴
的人走向井边。顾客忘了他们要买什么，店主把店铺关了，一起到这
三个人的旁边，看他们笑。

　　他们的笑是那么自在、那么无碍、那么优美、那么光辉，使旁观
的人都深深地感动了。因为生活在市集里的人从没有那样笑过，甚至
已经忘记人可以那样笑着。

　　他们的笑会感染。旁观的人开始笑，然后所有的人都笑了。就在
几分钟前，那市场是个丑陋的地方，人们有的只是贪婪、嗔恨、愚

痴，卖的人只想到钱和渴望钱，买者则只想贪小便宜。他们的笑改变了市场的气氛，使所有的人汇成一体，欢欣、无私、互相欣赏，就好像很久才有一次的节庆。

人们先是笑，忘记了是要买还是要卖；随后，人们真心笑了；最后，甚至围着三人忘情地跳舞，仿佛进入了一个新世界。

由于这三个人所到之处，都带着欢笑，使他们行经之地都变成了天堂。所有的人都喜欢见到他们，称他们是"三个爱笑的圣人"。

当圣人的名字传扬开来，就有人来问道："给我们一些启示，教导我们一些真理吧！"

他们总是说："我们没有什么好说的，只是不断地笑！"

他们走遍全中国，从一地到另一地、从城市到乡村，帮助人们去笑，去开发他们内在的笑意。所有悲伤、哀痛、贪婪、嗔恨、愚痴的人都跟着他们笑。慢慢地，人们懂得笑了，生命就得到了崭新的蜕变，就像是一只丑陋爬行的虫化成了斑斓自由的彩蝶。

他们的日子就在笑中度过。

有一天，三个爱笑的圣人之一过世了，村人聚集着说："他们的友情那么深，现在另外两位一定会哭的吧！他们不可能再笑了。"

但是，当村民看到其余两位时都吃了一惊，因为他们还在笑，在唱歌跳舞，在庆祝最好的朋友离开了这个世界。

村民充满疑惑，并且有一点生气地说："你们这样太过分了。一个人死了是多么悲伤的事，你们还笑、还跳舞，这对死去的人是多么不敬！"

两个微笑的圣人说："我们的一生都在笑中度过，我们必须欢笑；因为对一位一生都在笑的人，欢笑是最好的，也是唯一的告别。而且，我们不觉得他过世了，因为生命不死，笑着离开的人一定会笑着回来！"

笑是永恒的，就像波浪推动，而海洋不变；生命是永恒的，就像演员下台了，戏剧仍在进行；大化是永恒的，花开花落，树却不会枯萎。可惜，村民不能理解这些，所以那天只有他们两人在笑。

尸体要焚化之前，村民说："依照仪式，我们要给他洗澡，换一套干净的衣服。"

但是两个微笑的圣人说："不！我们的朋友生前就吩咐不举行任何仪式，只要按照他原来的样子放在焚化台上面就好了。"于是，死者被以本来面目放在焚化台上焚烧。

当火点燃的时候，突然之间，焰火四射，原来那个老人在他的衣服里藏了许多节庆的鞭炮和烟花，作为他送给观礼者的礼物。

焰火飞扬到高空，爆开时现出各种缤纷的颜色。闪亮的火光照耀着整个村落。

本来微笑的圣人疯狂地笑了起来。村民也笑起来。马路、树木、花草，甚至焚烧尸体的火焰都在笑着。然后大家开始快乐地跳舞，过了村落有史以来最大的庆祝会。在欢笑与跳舞的时候，大家感觉到那不是一个死亡，而是一个新生命的开始，一个全新的复活。

最后大家都知道了：如果人能快乐地归去，死亡就不能杀人，反而是人杀掉了死亡；如果能改变死亡的悲伤，知道生死的实相，人就

唯有生命里有喜乐有悲伤，生命才是多层面的，
有活力的，有深度，又能发展的。

不会有什么损失了！

对我们来说，只有当我们知道快乐与悲伤是生命必然的两端时，我们才有好的态度来面对生命的整体。

如果生命里只有喜乐，生命就不会有深度，生命也会呈单面的发展，像海面的波浪。

如果生命里只有悲伤，生命会有深度，但生命将会完全没有发展，像静止的湖泊。

唯有生命里有喜乐有悲伤，生命才是多层面的，有活力的，有深度又能发展的。

遇到生命的快乐，我要庆祝它！遇到生命的悲伤，我也要庆祝它！庆祝生命是我的态度，不管遇到什么！快乐固然是热闹温暖，悲伤则是更深刻的宁静、优美，而值得深思。

在禅里，把快乐的庆祝称为"笑里藏刀"——就是在笑着的时候，心里也藏着敏锐的机锋。

把悲伤的庆祝称为"逆来顺受"——就是在艰苦的逆境中，还能发自内心地感激，用好的态度来承受。

用同样的一把小提琴，可以演奏出无比忧伤的夜曲，也可以演奏出非凡舞蹈的快乐颂。它所达到的是一样伟大、优雅、动人的境界。人的身心只是一个乐器，演奏什么音乐完全要靠自己。所以，即使在最悲伤的时候，也让我们过欢乐中国节吧！

半梦半醒之间

让心性远离妄想，
做自己的主宰

● ○ ────────

去买闹钟的时候，钟表店的老板建议我买一种"懒人闹钟"。

"什么是懒人闹钟呢？"

"懒人闹钟是为了懒人而设计的。一般闹钟响时只有一种声音，懒人闹钟响的时候，节奏由慢而快，由缓而急，到最后会闹得人吃不消；一般闹钟一按就停，懒人闹钟按了不会停，每隔五分钟它就会再响起来，除非把总开关关掉。"老板边说边从橱柜中取出一个体积很小的电子钟，示范给我看。

"什么样的人会买这种懒人闹钟呢？"

"一般人都会买呀！因为大家对自己都不是绝对有信心的，特别是冬天的清晨要起来真不容易。"

"可是，如果他起来把总开关关掉，这闹钟还是没有用。"

"对呀！对于真正的懒人，再好的闹钟也没有用，闹钟是给那些

梦中还有梦在，这是生命的遗憾，
而觉中还有觉在，则是生命的幸运。

介于半梦半醒之间的人使用的。"

与我一向熟识的钟表行老板，讲出这么有哲理的话，令我颇为惊异。于是我接着问："什么是半梦半醒之间呢？"

老板说："一个人刚被闹钟唤醒的时候，就处在半梦半醒之间。如果一听到闹钟响，立刻能处在清醒的状态，这种人在佛教里叫作'慧根'。如果闹钟怎么叫也叫不醒，甚至爬起来把总开关关掉，这种人叫'钝根'。一般人既不是慧根，也不是钝根，而是'凡根'。所谓凡根，是会清醒，也会迷失；会升华，也会堕落；是听到闹钟响时，徘徊挣扎在半梦半醒之间的人。对这样的人，一个好闹钟才是有帮助的。在半梦半醒之间的人，是比较易于再入梦，不易于醒来的，这时需要一再地叮咛、嘱咐、催促；懒人闹钟在这时就能发挥它的效益。"

真没想到钟表行老板是一个哲学家，最后就买了一个懒人闹钟回家。每天清晨闹钟响的时候，我总是想起老板说的话，口念阿弥陀佛，立刻跃起，关掉闹钟的总开关，开始一天的工作。因为我希望做一个有"慧根"的人。

过了一阵子，我买的懒人闹钟竟坏掉了。拿去检修，查出来的原因是，由于太久没有让它"闹"，最后这闹钟竟不会闹了。老板说："电子的东西就是这样，你没机会让它叫，过一阵子它就不会叫了。"

回家的路上，我想到，如果依"慧根、钝根、凡根"来推论，一个有慧根的觉醒者，长久不让妄想、执着有出头来闹的机会，最后就连无明习气都不会有了。

其实，"凡心"与"佛心"并无差别。凡心是迷梦未醒的心，佛心是在长睡中悠悠醒来的心；凡心是未开的花苞，佛心是已开的花朵。未开者是花，已开者也是花，只不过已开的花有美丽的色彩，有动人的香气，能展现春天的消息罢了。

我们既没有慧根能彻底地醒觉，但我们也不是完全处在迷梦中的钝根，我们一般人都是介于梦与醒的边缘，都是在半梦半醒之间。在此时此地的生活里，我们不全是活在泥泞污秽的大地上，在某些时刻，我们的心也会飞翔到有晴空丽日、有彩虹朝霞的境界，偶尔我们也会有草地一般柔美、月亮一样光华、星辰一样闪烁的时刻，用一种清明的态度来看待生命。

那种感觉，就像清晨被闹钟从睡梦中唤醒。

可惜复可叹的是，当闹钟响过之后，我们很快地会被红尘烟波所淹没，又沦入了梦中。

醒是好的，但醒不能离开梦而独存；觉是好的，但觉也不能离开迷惘而起悟。

生活中本就有梦与醒、迷与觉的两面，人在其中彷徨、挣扎、奋斗、追求，才使生命的意义、永恒的价值在历程中闪闪生辉。这就是为什么达摩祖师写下了如此动人的偈语：

亦不睹恶而生嫌，
亦不观善而勤措。
亦不舍智而近愚，
亦不抛迷而求悟。

人生的不完满并不可怕，人投生到有缺憾的娑婆世界也不可怕，怕的是永处迷途而不觉，永堕沉梦而不惊；怕的是在心灵中没有一个闹钟，随时把我们从无明、习气、妄想、执着中叫醒。

我们从睡梦中醒来的时候，向人宣说梦境，《般若经》说这是"梦中说梦"，因为人生就是一个大梦，睡眠中的梦固是虚假不实，人

所走过的生命何处能寻找真切的足迹呢？《入楞伽经》中佛说："以
诸凡夫痴心执着堕于邪见，以不能知但是自心虚妄见故，令离执着
因缘生法。是故我说一切诸法如梦如幻无有实体。"一切诸法无有实
体，如梦如幻；梦幻本空，悉无所有。凡夫执着于我，所以沉沦于生
死大海中轮转不已，迷梦也就无法终止。

梦中还有梦在，这是生命的遗憾；而觉中还有觉在，则是生命的
幸运。

觉，是菩提之意，是对烦恼的侵害可以察觉，对无明昏暗能明朗
了知；心性远离妄想，而能照能用，做自己的主宰。

幻化如花，花果飘零之后，另外的花从哪里开呢？

梦境如流，河水流过之后，新的河水由何处流来呢？

《圆觉经》里说："一切众生，种种幻化，皆如来圆觉妙心。犹如
空花从空而有，幻花虽灭，空性不坏；众生幻心，还依幻灭；诸幻尽
灭，觉心不动。"

在落花的根部、在流水的源头，有一个有生机的清明的地方，只
要我们寻根溯源，就能在那里歇息了。

善男子！善女人！在半梦半醒之间，让我们听着心的闹钟吧！一
跃而起，走向清净、庄严、究竟之路。

在半梦半醒之间，让我们听着心的闹钟吧！
一跃而起，走向清净、庄严、究竟之路。

每一片雪的落下，都是必然的，也是偶然。

每一朵花的兴谢，都是偶然的，也是必然。

每一个人生的因缘，虽不可预知，却有既定的流向。

静观天地

每一个季节里都有生命温润的质地

叁

CHAPTER
THREE

雪三昧

人要在自然里成长、得悟

● ○ ━━━━━━━

之一　白鹭立雪

白鹭立雪，

愚人看鹭，

聪明见雪，

智者观白。

在山东东营旅行，最开心的就是去看黄河入海口。

原本以为黄河入海口大约像台北淡水河河口，坐小船五分钟就可以横渡。

及至站在黄河入海口，完全被那景致的广大与壮阔震慑了：先是一望无际的芦苇，再是无边无涯的湿地，最后才是黄浪滚滚的海滨。

黄河从遥远的源头，穿越无数的山水平芜，到了海边往四面扩散。站在朔风野大的海边，把视觉放大到极致之境，也无法看清。河水到底有多么宽广呢？登上木造的小楼，用望远镜，左右扫描，依然无边。

无法形容那种感动。黄河原只是小小的一条，向前穿行时，许多的溪河，许多的雨雪，一点儿一点儿地汇集，黄河越来越宽，最后流到了东营，便成为数百里的湿地了。

湿地的物产丰美，有数不清的鱼虾。

东营的朋友说："童年的时候，湿地还没有管制，跳进水里，空手就可以抓到许多鱼！"

"一点儿也不夸张，那时河海交界处，有许多大闸蟹，个个肥美。小时候还不懂吃大闸蟹，一捕一大桶，回家剁成小块喂鸭子。鸭子吃了大闸蟹，鸭蛋黄特别红！"朋友自我解嘲，"后来香港人来旅游，才知道大闸蟹是宝，大家才开始吃。早知道，二十年前开始外销，早就发财了！"

大闸蟹不解吃，倒是吃了不少野鸟，一直到管制以后才没人吃了。

东营是最大的野鸟集散地，留鸟与候鸟繁多，吃海水和淡水的鱼虾永不匮乏。

喜欢观鸟的人，带着望远镜来看，会感动到哭。

河海茫茫，天地悠悠，看见一只丹顶鹤突然展翅飞起，群鹤比翼

雪是静的，有智慧的人，只是静观，不起分别。

追随，在蔚蓝的海上自在回旋。想到人生能有几回看到这壮丽的景色，怎不感怀殊深？

或者是在冬季，大雪纷飞，把大地盖成一片安静的银白；那白是如此纯粹，如此无染。

突然，雪中有了一丝动静。

定睛凝视，原来是一只白鹭，在雪原中散步，一步一顿，久久才动一下。

心中一惊，原来那是古代禅师说的"白鹭立雪""银碗盛雪""白马入芦花""雪花一片又一片，飞入芦花都不见"的境界。

白中有白，白外有白，白上还有白。

以为白是静的，静中还有动；以为白是大的，大里又有小；以为白是无分别的，无二里还有独一。

"白鹭立雪"不只在说眼前的景，也在说开悟的境。

世俗的人看见了雪中的白鹭，便会忘记雪的存在；看见了追逐，忘失了平静；追求小的价值，忽略了纯净如雪的本质。

聪明的人知道白鹭伫于雪中，只是一时的、短暂的，因此常常会提醒自己，不要丢失了可贵的纯净。

有智慧的人，只是静观，不起分别。

雪是美，白鹭亦美；雪为纯净，白鹭亦为纯净。

雪是静的，白鹭是动的；雪为大，白鹭为小。

智者观之，皆起欢喜，因为了知白雪与白鹭都是天地的偶然，就像人站在下着雪的黄河入海口，也只是一个过客。

人间本来就是一片混沌。"白鹭立雪"是极目时的一道悟的闪光，你看见了，一切正像如此，明明白白。

回到繁华的东营市区，住进我预订的小房间。饭店的总经理突然造访，免费为我升格行政套房，两室一厅外加阳台，比我原订的小房间大十倍。

换房完成，心想："我用不着这么大的房间呀！这就像白鹭立雪，更显自己的渺小。"

正寻思时，总经理又来敲门，带来了笔墨求字，希望挂在大堂的墙上。

回不去那个小房间了，只好写字：

白鹭立雪，
愚人看鹭，
聪明见雪，
智者观白。

"林老师，可否解释一下？"
"说不出来，慢慢参吧！"

之二　雪里梅花初放

雪里梅花初放，

暗香深夜飞来。

正对寒灯独坐，

忽将鼻孔冲开。

我喜欢穿越森林，也喜欢沿着溪边散步。

我喜欢在海滨聆听潮声，也喜欢在山顶上倾听鸟的鸣唱。

如果有一天不走出家门，走入林间山树，走向山河大地，走近日月星辰，就感觉那一天是白白地逝去了。

所以，我永远无法了解宅男宅女的生活，我也永远不能了知人可以坐在电脑前几天几夜的事。

有人告诉我："现在已经不买书了，但还是读书，是坐在电脑前面读的。"

我说："你知道在佛陀的时代，《四吠陀》《奥义书》是不准在房里读的。要捧着书走进森林，坐在大树下才准读；否则会受到祭师的责罚。"

"为何不能在房里读？"

"因为在房里是读不通的。坐在林间树下，感受神圣，才有可能读懂神圣的思想呀！"

不只是读书。从前，佛陀在森林中修行，在大树下成道，在园林里讲道，几乎都不在房里。苏格拉底、柏拉图、亚里士多德讲课都在野外。

孔子和孟子呢？他们讲课的地方叫杏坛，应该就在杏树下；春天有杏花香，夏天有杏子飘落。

人，要在自然里成长、得悟。

自然，能让人看见变化和无常。

自然，能让人深化感觉与体会。

自然，能让人观照生机与意趣。

自然，能让人变得谦逊和宽容。

追逐繁华的人，他们的家乡是高楼大厦、名牌商品、五星级大饭店。

寻找悟境的人，他们的家乡是蓝天白云、山水花木、河海的远方。

春天的百花，夏夜的明月，秋日的凉风，与寒冬的白雪呀，都有着甚深的消息。

如若不能走入自然，那就把门窗打开吧！

你独坐灯下，远看着院子里含苞很久的梅花，孤独地站在雪地上，白雪红梅，美到极致了。

没想到在深夜时刻，一阵似有似无的香气突然飞来，把你的鼻孔冲开了，灌入你的脑、你的心、你全身的细胞。你的一切妄想都消融化去，成为梅香一缕。

不管这个世界会迈向什么样的电子时代，我都希望能守住雪中的一缕梅香。

不管这个时代会走向什么高科技的未来世界，我都愿意捧一本书到树下去阅读。

我愿谛听一只小蚱蜢的扑翅，也愿静观一株小草随风飘摇；
我愿远观一头蓝鲸的喷泉，也愿欣赏雪地细微的鸟踪……
我愿与大自然的一切法侣走向宇宙之心。

我愿谛听一只小蚱蜢的扑翅，也愿静观一株小草随风飘摇；我愿远观一头蓝鲸的喷泉，也愿欣赏雪地细微的鸟踪……我愿与大自然的一切法侣走向宇宙之心。

之三　好雪片片

好雪片片，

不落别处！

阳明山的樱花，我最喜欢"想启小馒头"①对面那三棵樱花树。

三棵樱花树皆高数丈，花开满树红，燃烧人的眼目。

我每次站在那三棵樱花树前面，总舍不得转移视线，闭起眼睛。有时就买一袋小馒头坐在地上，一口一口吃着各种口味的小馒头，山药、南瓜、芋头、黑糖、绿茶……一直到小馒头吃完，才依依不舍地和树道别。

那三棵樱花树可能不是阳明山最美的，却是与我的友谊最长远的，属于"人生若只如初见"的朋友。

---

① 想启小馒头：台北市的一种手工小馒头，有各种味道。这里指售卖"想启小馒头"的一家店铺。

　　小学三年级，我第一次到台北，堂哥带我从平等里步行上阳明山，沿路看樱花。那是此生第一次看见樱花，便被樱花的美感动不已。

　　走到三棵樱花树前，感动得哭了，难以想象人间有这么美的樱花树。

　　后来住在台北，年年花季前都会到那里去看花，仿佛默默有个约定。从第一次相遇，匆匆，五十年过去了。

　　今年在外居停久了，回来立刻去探视。才二月初，樱花谢了，吐出新芽。我站在对面地上，怅然不已。

　　卖小馒头的老板说，今年这三棵樱花树开得最早，过年那几天就盛开了，谁也料不到！过年后连续下大雨，一星期花全掉光了！这世界，天气变得实在太恐怖了。

　　樱花年年开，我们的人生却是每年都大有不同呀！

　　我买了一个笋包，在树下吃起来，看到樱花树上满满的绿色芽苗，红与绿虽然不同，美却是一样的。我们执着于每年的花季，但努力开放的樱花树，每一季也都是美的，你爱其华，就要爱其芽，甚至爱每一根枯去的树枝。

　　你爱树，也要爱树后的山，以及空山的雨和飘流的风。

　　罗汉不三宿空桑，以免对桑树留情。你不是罗汉，你还有所眷恋，你还留有一丝感情，你还期待着明年的花期。

　　回来的时候，走过那还盛开着的金合欢，遇到路边那棵硕大的木兰，身心无浊意，山水有清音，这世界原来如是美好。

庞蕴居士开悟了，拜别他的师父药山禅师，走到禅寺的大门，突见满天飞雪，感叹地说："好雪片片，不落别处！"

生活中每一片雪都是美好的，都下在我们的心田，不执有无，不必分别，没有高下。

每一片雪的落下，都是必然的，也是偶然。

每一朵花的兴谢，都是偶然的，也是必然。

每一个人生的因缘，虽不可预知，却有既定的流向。

触目遇缘，皆成真如。

好樱片片，亦不落别处！

芳香百里馨

心里有一个岛，
那就很好

● ○ ————————

　　我们坐在百里馨岛上唯一的餐厅里，叫了一杯椰子水，等了半个多小时还没有送来。我跑到柜台询问，掌柜的菲律宾青年指指门外，一径地傻笑着。

　　我不明所以，跑到门外，看见刚才的那一位侍者正抱在椰子树的顶端采椰子。不，不能说是采椰子，而是砍椰子。他用一把长刀，"啪"一声把一串椰子砍下来，椰子便"噼噼啪啪"地落在草地上了。侍者从椰子树上爬下来，看到我站在树下，咧开嘴，笑嘻嘻的。

　　接着，他用砍椰子的长刀，把椰子壳凿了一个洞，插上一支吸管，直接从椰子树下端到我们的桌上。

　　我喝着刚从树上砍下的椰子水，算算时间已经快一个小时，心里想着："好险呀！幸好椰子树就种在餐厅门口，如果是种在几百公尺外，等他采来，岂不就天黑了！"

　　菲律宾人天生慢动作，说好听一点是从容，说难听一点是懒散，其实是他们生性单纯，所求不多。特别是远离马尼拉四十分钟车程的百里馨岛，人们的心性之单纯，超乎我们的想象。

　　例如，假若有五个人一起进餐厅，一人叫椰子水，一人叫柳橙汁，一人叫苹果汁，一人叫可乐，一人叫杧果汁，那侍者立刻就呆若木鸡，因为光是背下这五种不同果汁的名字，对他来说就太复杂了。

　　我对朋友说："我们别整他了，如果再加上一杯咖啡、一杯红茶、一份冰激凌，他可能立刻就昏倒在地了。"

　　那可怎么办呢？先点一杯椰子水，等他端来了，说："再来一杯柳橙汁。"如是者五，他一趟一趟地来回走，不会算错，也不会造成负担。反正是在岛上，谁在乎时间呢？一步一步来也不会有什么事。

　　旅馆部的侍者也是很单纯的，他们常常坐在海边用椰子树干和树叶搭成的凉亭里聊天，只要有人从房间出来，他们就会微笑着走过来问："有什么事吗？"因为岛上的房间没有电话，一切都要面对面相询。

　　如果你摇摇头说"没事"，然后到海岸散步，他看你走远了，就径自进去帮你收拾房间。因此每次出门回来，房子里总是窗明几净的，算一算，他一天里总要来收拾四五趟。一直到晚上，他为你提来一壶开水，然后亲切地问："还有什么事吗？"你说："没事。"他微笑，鞠躬，告退，一天的服务才告落幕。这种像是一家人一样亲切的服务，即使是五星级的大饭店也没有。

　　生活在百里馨岛，时间和空间几乎都是静止的。在时间上，没有开始，也没有结束，岛民的生活日复一日，像一条绳子一样向前拉去。我们想起了古老民族的结绳记事，岛民的生活变化小到就像时大时小的绳结。在空间上，百里馨岛小到只要半日就可以绕岛一圈，居民总共只有八百人。没有电视，没有报纸，没有信息，甚至没有电，与外界的联系只有小飞机和渔船。它与整个世界完全是隔绝的。如果这个世界在一夜之间消失，百里馨人也不会知道；或者如果百里馨一夜沉没，世界也不会知道吧。

百里馨人出生在这个世界，以蓝天、大海、椰林为家。他们自给自足，既没有欲求，也没有什么渴望，只是如实地单纯地生活着。他们不需要知道菲律宾，也不需要向往马尼拉。

我问过带我们到海上观光的中年渔夫，他这辈子还没有离开过百里馨，原因是，驾渔船到任何一个其他的岛都太远了。因为没有离开的欲望，生活就变得十分纯粹了。

像百里馨，一年只有两季：一季是干季，一季是湿季。不论干湿，气温都是十分宜人的；只要有一条短裤，几乎就可以过一辈子。有很多孩子，甚至整年赤身露体在岛上跑来跑去，衣饰是没有什么必要的。

食物更简单，地上有终年不缺的椰子和香蕉；海上只要出海就有鱼获，一个上午捕的鱼，几天也吃不完。椰子林中有山蟹，一个晚上就可以捉到一桶，全都不需要购买。房子那就更简单了，椰子树当建材，几人合力，一天就可以盖一幢屋子。

当然，住在这里的人也有生老病死。死了，岛上的人也不哀伤，

百里馨的空气中有一种单纯、清净的芬芳。

把他抬到可以涉水而过的"死亡之岛"，草草埋了，生不带来，死不带去；与天地同生，与草木并朽。从百里馨看"死亡之岛"，林木苍苍，应该也是净土的所在吧！

除了文明之外，百里馨什么都具备了。我们在文明中生活的人，很难想象没有信息、没有电、没有电话的生活是什么滋味；但这种困惑，百里馨人是不会有的。

说百里馨没有电也不确切，百里馨岛到了夜晚自备火力发电机，从晚上六点半到深夜十一点半发电。夜里的百里馨灯火通明，小路上都是一串串的灯泡，使人有宁馨安逸之感。到了十一点半，全岛陷入一片漆黑，极适合坐在海边沉思。

也唯有在完全的漆黑中，我们才会发现大地即使在黑夜里也会自然发光；天空中月光星光交织，大海上波光潋滟，还有满天飞舞的萤火虫。萤火虫数量之多超乎人的想象，有很多树因为停满了萤火虫，变成了一棵棵"萤火树"，美极了。

我们曾在夜里随当地的住民到山林间去捉山蟹，他们提着煤油灯，手脚敏捷，一个夜晚就能捕到一桶山蟹；有时在路边也能捡到山蟹，只只都有手掌大。我也曾在夜里带孩子在海边散步，捡寄居蟹，有一次竟然在海边捡到一只章鱼，活的，拍了照片之后就把它放生了。可知在黑暗之中，大地是充满生机的。

白天，百里馨被晨光唤起时最美。由于昨夜的涨潮在清晨退去，整个白沙海岸布满了美丽的贝壳。星星是天上的贝壳，贝壳则是海岸的星星。我曾花了一个上午的时间，带孩子绕着海岸捡贝壳，晶白的、宝蓝的、玄黑的、粉红的、鹅黄的，各形各色的贝壳。在捡的时候使我感伤：在台湾也有很多海岸呀，贝壳到底是哪里去了？

百里馨是一个自主的王国，岛主是华裔菲律宾人，听说他花了近二十年的时间来治理和经营这个岛。全岛为椰子树和花草所覆盖，整个是一座花园，甚至找不到一个石头。更难以想象的是，岛上有很多雅致的别墅，有一座高尔夫球场、一个设备完善的游泳池、一个巨大洁净的餐厅。这么现代的设备是为了招待极少数有缘在百里馨度假的观光客。

因为担心旅游质量遭到破坏,每次只招待二十五个客人,正好坐两架小型的飞机。一下飞机就完全与世界隔离,甚至一切消费都不付现,而是用记账的方式。岛上唯一的商店,只有三坪①大,只卖泳衣、汗衫和贝壳,恐怕这是世界上最不商业化的观光区了。我们一家三口在百里馨住了三天,除去吃住,结账时总共花了二十五美金。

为了与岛民分界,岛主在百里馨岛的中间画了一条线,规定岛民除了旅馆部的工作人员,不可超过那条线。岛主的规定有如圣旨,因此住在百里馨的观光客如果不到岛的另一边,根本看不到一个住民。我们曾到岛的另一边去,印象深刻的是有一间小学、一间天主教教堂,还有一家椰子油工厂,居民的住屋架高而通风,有点像兰屿的民居。

居住在花草、椰子树与大海岸边的岛民,可能并不知道在这个普受污染的世界,他们是住在一片净土之上。我记得刚下飞机的那一刻,有许多同伴异口同声地惊呼:这简直是传说中的极乐世界!

听说我们是第二批到达百里馨的中国旅客,对于一向以采购著名的中国旅行团,百里馨还是一片处女之地。

第三天要挥别百里馨的时候,所有的人都有不舍之情。时间并未静止,空间也并未静止,如果生命里这样的日子有三个月不知道有多好!孩子听到我的感叹,提醒我说:"三个月就会很无聊了。"

———————

① 坪:土地或房屋面积单位,1坪约合3.3平方米。

对呀！我们这些被文明、繁荣、匆忙所宰制的人，已经没有单纯过活的心了。

登上飞机的那一刹那，我以深呼吸来告别百里馨，我闻到空气中有一种单纯、清净的芬芳，这样的空气，我们在台北已经许久没有闻到了。这时，我想起，百里馨的原文是 Balesin Island，第一个把它翻译成中文的人是个天才！

在飞机上，带我们去百里馨的导游小谭说，菲律宾共有七千一百多个岛，有两千多个岛没有名称，有三千多个岛无人居住，菲律宾政府财政困难，大部分的岛都是可以出售的。

"怎么样？到菲律宾来买个岛吧？"小谭说。

我心里想，拥有一个真实的岛可能是艰难的，但在心里有一个岛，有大海、有花草、有椰影、有萤火、有蓝天，不受污染，那也就很好了。

因此我没有回答，带着我心里的岛飞越大海，告别了百里馨。

摩顶松的心

有什么样的心情，
就会种出什么样的花草

● ○ ——————

　　每天清晨，在露台浇花的时候，我会对花草说话。

　　或者背诵昨夜读到的一段动人的经典，或者诉说一首古诗的意韵，或者唱念一首新学的歌……

　　有时说一些祝福的话，希望每一株草翠绿无比，祈愿每一朵花繁华多彩。

　　我真心相信，你有什么样的心情，就会种出什么样的花草；而你有什么发愿，世界也会往那个方向展现。我真心相信，因为我种的植物总是花红草绿，永远以美好来与我相应。

　　有智慧、感性的人都会如是相信。

　　玄奘大师要到西方取经的前一天，漫步于寺院的庭中，看见自己每天浇水而长得盎然的松树苗，突然感到不舍。他走到松树旁边，抚摸松树的头发，深情地说：

希望每一株草翠绿无比，祈愿每一朵花繁华多彩。

　　"我明天就要启程到西方取经了，以后不能亲自为你浇水了，你
要努力地生长呀！我到西方的这一段时间，你就向西生长，与我心心
相印；等我东归之时，你再往东生长吧！这就是我们的约定。"

　　玄奘出发往天竺的十九年间，那棵松树一直往西边生长，竟成了
一棵向西弯曲的树。

　　十九年后的一天，这树的枝丫大量往东边冒出，寺僧大为惊奇，
不久之后就传出玄奘将回到大唐的消息。

　　玄奘回来看见那棵松树也大为感动，为它取名"摩顶松"。十年
之后，摩顶松松如盖，终于平衡，成为像伞一样形状的大树。

用岁月在莲上写诗

即使微小如莲子，
都有一套生命的大学问

● ○ ——————

那天路过台南县白河镇，就像暑天里突然饮了一盅冰凉的蜜水，又凉又甜。

白河小镇是一个让人吃惊的地方，它是台南最大的莲花种植地。在小巷里走，在田野上闲逛，都会在转弯处看到一田田又大又美的莲花。那些经过细心栽培的莲花竟好似是天然生成，在大地的好风好景里毫无愧色，夏日里格外有一种欣悦的气息。

我去的时候正好是莲子收成的季节，种莲的人家都忙碌起来了，大人小孩全到莲田里去采莲子。对于我们这些只看过莲花美姿就叹息的人，永远也不知道种莲的人家是用怎样的辛苦在维护一池莲，使它开花结实。

"夕阳斜，晚风飘，大家来唱采莲谣。红花艳，白花娇，扑面香风暑气清。你打桨，我撑篙，欸乃一声过小桥。船行快，歌声高，采得莲花乐陶陶。"我们童年唱过的《采莲谣》在白河好像一个梦境，因为种莲人家采的不是观赏的莲花，而是用来维持一家生活的莲子。莲田里也没有可以打桨撑篙的莲舫，而要一步一步踩在莲田的烂泥里。

采莲的时间是清晨太阳刚出来或者黄昏日头要落山的时分，一个个采莲人背起了竹篓，戴上了斗笠，涉入浅浅的泥巴里，把已经成熟的莲蓬一朵朵摘下来，放在竹篓里。采回来的莲蓬先挖出里面的莲子。莲子外面有一层粗壳，要用小刀一粒一粒剖开，晶莹洁白的莲子就滚了一地。

莲子剥好后，还要用细针把莲子里的莲心挑出来。这些靠的全是灵巧的手工，一粒也偷懒不得，所以全家老小都加入了工作。空的莲蓬可以卖给中药铺，还可以挂起来装饰；洁白的莲子可以煮莲子汤，做许多可口的菜肴；苦的莲心则能煮苦茶，既降火又提神。

我在白河镇看莲花的子民工作了一天，不知道为什么总是觉得种莲的人就像莲子一样。表面上莲花是美的，莲田的景观是所有作物中最美丽的景观，可是他们工作的辛劳和莲心一样，是苦的。采莲的季节在端午节到九月的夏秋之交，等莲子采收完毕，接下来就要挖泥里的莲藕了。

莲田其实是一片污泥，采莲的人要防备田里游来游去的吸血水蛭，莲花的梗则长满了刺。我看到每一位采莲人的裤子都被这些密刺划得千疮百孔，有时候还被刮出一条条血痕，可见依靠美丽的莲花生活也不是简单的事。

　　小孩子把莲叶卷成杯状，捧着莲子在莲田埂上跑来跑去，才让我感知，再辛苦的收获也有快乐的一面。

　　莲花其实就是荷花，在还没有开花前叫"荷"，开花结果后就叫"莲"。我总觉得两种名称有不同的意义：荷花的感觉是天真纯情，好像一个洁净无瑕的少女；莲花则是宝相庄严，仿佛是即将生产的少妇。荷花是宜于观赏的，是诗人和艺术家的朋友；莲花带了一点生活的辛酸，是种莲人生活的依靠。想起多年来我对莲花的无知，只喜欢在远远的高处看莲、想莲，却从来没有走进真正的莲花世界；看到莲田背后生活的悲欢，不禁感到愧疚。

　　谁知道一朵莲蓬里的三十个莲子，是多少血汗的灌溉？谁知道夏日里一碗冰冻的莲子汤是农民多久的辛劳？

　　我陪着一位种莲人在他的莲田梭巡，看他走在占地一甲的莲田边，娓娓向我诉说一朵莲要如何下种，如何灌溉，如何长大，如何采收，如何避过风灾，等待明年的收成时，觉得人世里一件最平凡的事物也许是我们永远难以知悉的，即使微小如莲子，都有一套生命的大学问。

　　我站在莲田上，看日光照射着莲田，想到"留得残荷听雨声"恐怕是莲民难以享受的境界，因为荷残的时候，他们又要下种了。

　　田中的莲叶坐着结成一片，站着也叠成一片，在田里交缠不清。我们用一些空虚清灵的诗歌来歌颂莲叶何田田的美，永远也不及种莲的人用他们的岁月和血汗在莲叶上写诗吧！

夏日小春

好好活在眼前，
止息热恼的心

● ○ ────────

山樱桃

夏日虽然闷热，在温差较大的南台湾，凉爽的早晨、有风的黄昏、宁静的深夜，感觉就像是小小的春天。

清晨的时候沿山径散步，看到经过一夜清凉的睡眠，又被露珠做了晨浴的各种小花都醒过来微笑，感觉那很像自己清晨无忧恼的心情。偶尔看见变种的野茉莉和山牵牛花开出几株彩色的花，竟仿佛自己的胸腔被写满诗句，随呼吸在草地上落了一地。

黄昏时分，我常带孩子去摘果子。在古山顶有一种叫作"山樱桃"的树，春天开满白花，夏日结满红艳的果子，大小与颜色都与樱桃一般，滋味如蜜还胜过樱桃。

这些山樱桃树在古山顶从日据时代就有了，我们不知道它的中文

很单纯，也可以有很深刻的幸福。

名字，甚至没有闽南语，从小，我们都叫它莎古蓝波，是我从小最爱吃的野果子。它在甜蜜中还有微微的芳香，相信是做果酱极好的材料。虽然盛产时的山樱桃，每隔三天就可以采到一篮，但我从未做过果酱，因为"生吃都不够，哪有可以晒干的"。

当我在黄昏对几个孩子说"我们去采莎古蓝波"的时候，大家都立刻感受着一种欢愉的情绪，好像莎古蓝波这个名字的节奏有什么魔法一样。

我们边游戏边采食山樱桃，吃到都不想吃的时候，就把新采的山樱桃放在胭脂树或姑婆芋的叶子里包回家，打开来请妈妈吃。她看到绿叶里有嫩黄、粉红、橙红、艳红的山樱桃果子，欢喜地说："真是美得不知道怎么来吃呢。"

她总是浅尝几粒，就拿去冰镇。

夜里天气凉下来了，我们全家人就吃着冰镇的山樱桃，每一口都十分甜蜜。电视里还在演《戏说乾隆》，哥哥的小孩突然开口："就是皇帝也吃不到这么好的莎古蓝波呀。"

大家都笑了。我想，很单纯，也可以有很深刻的幸福。

青莲雾

很单纯，也可以有很深刻的幸福。当我们走在去采青莲雾的小路上，想到童年吃青莲雾的滋味，我就有这样的心情。

青莲雾种在小镇中学的围墙旁边，这莲雾的品种相信已经快灭绝了。当我听说中学附近有青莲雾没人要吃，落了满地的时候，就兴匆匆带着三个孩子，穿过蕉园小径到中学去。

果然，整个围墙外面落了满地的青莲雾。莲雾树种在校园内，校门因为暑假被锁住了。

我们敲了半天门，一个老工友来开门，问我们："来干什么？"

我说："我们想采青莲雾，不知道可不可以？"

他露出一种兴奋的、难以置信的表情打量我们，然后开怀地笑说："行呀。行呀。"他告诉我，这一整排青莲雾，因为滋味酸涩，连国中生都没有一点采摘的兴趣。他说："回去，用一点盐、一点糖腌渍起来，是很好吃的。"

我们爬上莲雾树，老校工在树下比我们兴奋，一直说："这边比较多。""那里有几个好大。"看他兴奋的样子，我想大概有好多年，没有人来采这些莲雾了。

采了大约二十斤的莲雾，回家还是黄昏。沿路咀嚼青莲雾，虽然酸涩，却有很强烈的莲雾特有的香气。想起我读小学时曾为了采青莲雾，从两层楼高的树上跌下来，那时觉得青莲雾又甜又香，真是好吃。

经过三十年的改良，我们吃的莲雾，从青莲雾到红莲雾，再到黑珍珠，甜度不高的青莲雾就被淘汰了。

为什么我也觉得青莲雾没有以前的好吃呢？原因可能是嘴刁了，水果不断改良的结果，使我们的野心欲望增强，不再习惯原始的水果（土生的番石榴、杧果、杨桃、桃李不都是相同的命运吗）；另一个原因是在记忆河流的彼端，经过美化，连从前的酸莲雾也变甜了。

家里的人也都不喜吃青莲雾，我想了一个方法，把它放在果汁机里打成莲雾汁，加很多很多糖，直到酸涩完全隐没为止。

青莲雾汁是翠玉的颜色，我也是第一次喝到，加糖、冰镇，在汗流浃背的夏日，喝到的人都说："真好喝呀，再来一杯。"

夜里，我站在屋檐下乘凉，想到童年、青少年时代，其实有许多事都像青莲雾一样酸涩，只是面目逐渐模糊，像被打成果汁，因为不断地加糖，那酸涩隐去，然后我们喝的时刻就自言自语地说："真好喝呀，再来一杯。"

只是偶尔思及心灵深处那最创痛的部分，有如被人以刀刺入内心，疤痕鲜明如昔，心痛也那么清晰。"或者，可能，我加的糖还不

烠热的夏日其实也很好，每一朵紫茉莉开放时，
都有夏天夕阳的芳香。

够多吧。下次再多加一匙，看看怎么样。"我这样想。

回忆虽然可以加糖，感受的颜色却不改变，记忆的实相也不会翻转。

就像涉水过河的人，在到达彼岸的时候，此岸的经验与河面的汹涌仍然是历历在心头。

野木瓜

姊姊每天回家的时候，都会顺手带几个木瓜来。

原因是她住处附近正好有亲戚的木瓜田，大部分已经熟透在树上，落了满地；她路过时觉得可惜，每次总是摘几个。

"为什么他们都不肯摘呢？"我问。

"因为连请人采收都不够工钱，只好让它烂掉了。"

"木瓜不是一斤二十五块吗？台北有时卖到三十块。"我说。

在一旁的哥哥说："那是卖到台北的价钱，在产地卖给收购的人，一斤三五块就不错了。"哥哥在乡下职校教书，白天教的学生都是农民子弟，夜里教的是农民，对农业有很独到的了解。

"正好今天我的一位同学问我：'你认为世界上最可怜的人是什么人？'我毫不考虑地说：'是农人。'"

"农人为什么最可怜呢？"哥哥继续发表高见，"因为农作物最好的时候，他们赚的不过是多一两块；农作物最差的时候，却凄惨落魄，有时不但赚不到一毛钱，还会赔得倾家荡产。农会呢？大卖小卖的商人呢？好的时候赚死了，坏的时候双脚缩起来，一毛钱也赔不到。"

　　问哥哥"世界上最可怜的人是什么人"的那位先生正好是老师兼农民，今年种了三甲地的杧果，采收以后结算一共赚了三千元，一甲地才赚一千，他为此而到处诉苦。

　　哥哥说："一甲地赚一千已经不错了，在台湾做农民如果不赔钱，就应该谢天谢地拜祖先了。"

　　不采摘的木瓜很快就会腐烂，多么可惜。也是黄昏时分，我带孩子去采木瓜，想把最熟的做木瓜牛奶，正好熟的切片，青木瓜拿来泡茶。

　　采木瓜给我带来心情的矛盾。当青菜水果很便宜，多到没人要的时候，我们虽然用很少的钱可以买很多，往往这时候，也表示我们农民正处在生活黑暗的深渊，使生长在农家的我，忍不住有一种悲情。

　　正这样想着，孩子突然对我说："爸爸，你觉不觉得住在旗山很好？"

　　"怎么说？"

　　"因为像木瓜、杧果、莲雾、山樱桃都是免费的呀。"孩子的这句话有如撞钟，使我的心嗡嗡作响。

　　夜里，把青木瓜头切开，去籽，塞进上好的冻顶乌龙茶，冲了茶，倒出来，乌龙茶中有木瓜的甜味与芳香。这是在乡下新学会的泡茶法，听说可以治百病；百病不知能不能治，但今天黄昏时的热恼倒是治好了。

　　生命中虽有许多苦难，我们也要学会好好活在眼前，止息热恼的心，不做无谓的心灵投射。喝木瓜茶，我觉得茶也很好，木瓜也很好。

　　燠热的夏日其实也很好，每一朵紫茉莉开放时，都有夏天夕阳的芳香。

呼山不来去就山

山不动有什么关系？
我们走过去不也一样吗

● ○ ──────────

台北一些重要的道路改成单行道以后，搭计程车就变成了一件麻烦的事，特别是在交通尖峰时间。

有一次，黄昏的时候，我在光复南路要搭计程车，等半天也没有空车的影子，路上又下起雨来，于是步行到忠孝东路口，发现在我的前面几乎每隔十步就有人停在街边招手。"往前走一点，说不定比较容易叫车。"我这样想，然后开始在雨中步行，一走就走了几百米，发现整条忠孝东路都是等计程车的人。

然后，我从敦化南路转往仁爱路，心想仁爱路是单行道，应该容易叫到车，又在仁爱路上走了数百米。如果是平常，我会停止叫车，找一家气氛好的咖啡店坐下来喝咖啡，等雨停了、人潮散了再走；那一天却有些心急，因为家里有客人要来。

眼看着在右边叫车无望，我就转到对面去，心里有这样一个念头："说不定有人在左边下车。"才站了一下，果然有一部计程车停下来，赶紧坐上去，一边为自己的幸运高兴，一边也想到了人在环境变化中的适应。

在雨中奔驰的计程车里，我想到伊斯兰教先知穆罕默德的一个故事。有一天，穆罕默德向群众宣布，某年某月某一天他将站在城外，把城外那座山移近一点。群众听了立刻哗然，并且奔走相告穆罕默德将显现奇迹的事。

果然，到了约定那一天的清晨，城外已经聚集了水泄不通的人潮，大家都屏息以待，等着目睹神迹。

穆罕默德终于在大家的期待中出现了。他仰天站着，沉默，深呼吸，然后大声地对那座山喊：

"喂！大山！到这里来！"

空中回荡着穆罕默德的声音，但是，山一点也没有动。穆罕默德再度沉默，深呼吸：

"喂！大山！到这里来！"

山依然没有移动的迹象。群众感到意外，莫不是神迹失灵了？穆罕默德再度提起大嗓门：

"喂！大山呀！到这里来！"

山兀自屹立，群众哗然议论：莫不是眼前这位我们尊敬的人是个骗子？或者他太不自量力了，移动一个杯子还可能，移动一座山可能超过他的神力了。

大家正在议论纷纷的时候，穆罕默德转过身来面对群众说："各位乡亲父老兄弟姊妹！你们都看到了，我连续向那座山喊叫了三次，可是山还是不动；既然它不肯动，除了我向那座山走去，还有什么办法呢？"

于是，穆罕默德抬头挺胸、气定神闲、从从容容地走向那座山。群众发出一阵愕然和惊叹！

是呀，在生活中我们会遇到许多山一样的事情，有的人想移山，但移不动，自己也不肯改变姿态，反而与山对峙。小如叫计程车也一样，这边叫不到，到那边去叫。如果执意站着不动，当所有人都回到家，我们还站在落雨的街头跺脚生气、自怨自艾呢！

山不动有什么关系，我们走过去不也一样吗？就在我们抬脚往山那边走的时候，每走一步，山就向我们移动一步了。

就在我们抬脚往山那边走的时候，
每走一步，山就向我们移动一步了。

蝴蝶的传说

生命生长变化的过程虽然微小，
却充满人生的启示

● ○ ─────────

　　最近有两则关于蝴蝶的事件，令人一则以喜，一则以忧。

　　喜的是，在兰屿岛上原来有一种名为"珠光黄裳凤蝶"的蝴蝶，它生长的地方仅限于兰屿原始森林的边缘，范围不过五六平方公里，数量非常有限。由于前几年台湾蝴蝶手工艺兴盛，许多人都跑到兰屿这个狭小地域捕捉这种被称为"台湾最大最美的蝴蝶"的凤蝶，听说一只的价钱可以卖到八十元。

　　捕蝶者为了厚利，不仅捕捉成蝶，甚至连它的蛹和幼虫都不放过，滥捕滥捉的结果，使得原本数量有限的珠光黄裳凤蝶濒临绝种，差不多要永远在世界上消失。侥幸的是，台湾蝴蝶加工业没落，捕捉蝴蝶已无利可图，才使这种蝴蝶从灭绝的深谷复活，令人大大舒一口气，为那些无辜的蝴蝶感到庆幸。至少它没有步台湾黑熊、野生梅花鹿、石虎的后尘，我们的子孙还有机会看到它美丽的飞翔姿态。

　　这是一连串自然生态、野生动物破坏与杀灭声中，唯一的喜讯。可惜的是我们并不是因为珠光黄裳凤蝶的珍贵而保护它，反而是由于它卖不到价钱而被捕蝶者放了一条生路；哪一天蝴蝶加工业复苏，也正是珠光黄裳凤蝶真正灭亡的时候。这样想起来，喜讯中不免也有一些忧思。

　　令人担忧的消息则是，高雄县美浓镇名闻遐迩的"黄蝶翠谷"，被该县划为将来兴建水库的"水库淹没区"；洪水一来，蝴蝶自然尸骸无存。美浓水库的兴建据说已经势在必行，它是为了解决高屏地区万千民众日渐严重的水荒问题，不巧高雄县似乎没有比这个地方更适合兴建大型水库的地方，那么"黄蝶翠谷"日后必是黄水漫漫；既没有翠谷可见，黄蝶自然无地栖身了。

　　我对"黄蝶翠谷"有一份特别的情感，因此知道这个消息时，让我忧心不已。我幼年居住的地方，离美浓的黄蝶翠谷只有十分钟的车程；有时步行前往，一个多小时也就到达了。读小学的时候，学校远足经常选择黄蝶翠谷（当时没有这样好听的名字，我们叫它"万蝶谷"），尤其在春天的时候去，走进谷，沿着河溪两岸的卵石上，栖息着无以数计的蝴蝶；人一走近，那原本浮在石头上像落叶铺满的小黄蝶，会哗然飞起，几乎遮蔽了整个天空。

　　天空中满满飞舞着黄色片片的蝴蝶，我们坐在阴影里抬头看，确能感受到大地与生命的绚丽。我一直在记忆里保留着这美丽的一幕。有人说蝴蝶是花的精魂，是花的前世回来会见今生，我相信这种说法。蝴蝶的生命虽然短促，但短得有丰姿，短得辉煌，让我们知道有

有人说蝴蝶是花的精魂，是花的前世回来会见今生。

时候短暂的美丽也是好的，因为它活着；活的一天不是胜过死去的一世吗？

在蝴蝶数量最多的时候，我们可以在黄蝶翠谷同时看到蝴蝶如何产卵、如何孵化成虫、如何结蛹、如何破蛹而出、如何飞上天空，甚至如何死亡化为一朵飘零的黄花……这种种生命生长变化的过程虽然微小，却充满人生的大启示。任何一位敏感的小孩，仔细观察审思了这个过程，都会在心灵上有新的视角，看到生命衍化时最巧妙的一瞬。如此，蝴蝶虽小若黄叶，虽短暂若蜉蝣，在它斑斓的双翼里，则有生命兴衰再生的浩浩大道，可以在短短的瞬间使我们的心灵为之成长。

　　我每次到了黄蝶翠谷，在心灵的最深处都会得到不同的启示。今年我又去了一次，看到日渐增加的游客在谷中追逐蝴蝶，感觉那里的蝴蝶已不再如幼年时代那样美丽、那样多姿、那样潇洒而有生气。但到底还是有蝴蝶，数量还是惊人的。可惜，这些美丽的蝴蝶、美好的记忆都将随着水库的兴建而淹没沉埋了。

　　当然，蝴蝶似乎没有饮水重要，失去一谷蝴蝶也仅仅是一种忧伤，并不会真正伤害人的生命。在大人物的眼中，一谷蝴蝶也许不如一杯水；但从反面看，有时一只蝴蝶给人的感动甚至胜过一大潭水。

　　我并不是反对兴建水库，因为它可以造福我们的乡梓。问题是，对那些满天满地的蝴蝶将要消失，我们是不是有方法加以拯救呢？在水之湄，在青翠的河溪谷地，如果没有蝴蝶凌空的影子，我们会失去什么呢？

　　我有一个孩子，他对于书里面的蝴蝶再熟悉不过，可是却没有真正见过一只蝴蝶，因为即使在春天，台北也找不到一只蝴蝶的影子。我常为此烦恼，生怕我的孩子再也看不到万蝶哗然升起的一幕了。

　　总有那么一天，蝴蝶会像一片彩色的贴纸，静静贴在我们记忆的某一处；它不再飞舞了，它只说明了一种美丽失去时候的忧伤。那种忧伤是不可能弥补的，除非我们再创一个"黄蝶翠谷"，否则若干年后，它将成为一种传说。

　　传说可以这样记载："在南方的某个谷地，曾经生存着遍地的美丽动物，它会飞，但不是鸟，而是昆虫的一种。有人说这种昆虫色彩如孔雀，但比孔雀更宜于做生命的联想。这片谷地，最后被人类的大水淹没，这种叫作蝴蝶的美丽昆虫，永远在那个谷地消失了。"

天下没有最好吃的食物，饥饿的时候，什么食物都好吃。

天下也没有最好的处境，好心情的时候，日日是好日，

处处开莲花！天下没有最能开启觉悟的情与境，

有清净心，平等看待生命的每一步。

肆

CHAPTER
FOUR

拥抱人生

即使在人生的最底层，也不要放弃飞翔

分别心与平等智

越是黑暗的晚上，
月亮与星星就越是美丽

● ○ ────────────

番薯的见解

朋友告诉我一个真实的故事，说他的两个孩子太好命了，这也不吃，那也不吃，每到吃饭的时间就成为父母头痛的时间。

出生在台湾"光复"初期的朋友，每到用餐时间不免唠叨，说："我们小时候哪有这么好命，连饭都没得吃，三餐都吃番薯配菜脯，你们现在有这么多菜还不吃，真是够酷。"

由于唠叨的次数多了，小孩子都不爱听。有一天，他又在继续"念经"，大儿子就问他："爸爸，番薯真的那么难吃吗？我甘愿吃番薯，也不吃这些大鱼大肉。"

小女儿也说话了："我甘愿吃菜脯！"

爸爸生气了，第二天真的跑去市场，找半天才找到烤番薯，又买

天下没有永远的黑夜呀！黎明必在黑夜之后，
那时就会气清景明、繁花盛开了。

告家中蟑螂："今天有客人，你们暂时躲一躲，等客人走了，再出来吧！"

蟑螂蛮通人性，经常给我面子。

但是，偶有出状况的时候。有一次，三位西藏喇嘛来家里做客，有两只蟑螂大摇大摆地爬过桌子；我示意它们快躲起来，它们充耳不闻。正在尴尬的时候，一位喇嘛说："林居士，你是很有福报的人呀！"

我正感到迷惑的时候，他说："在尼泊尔、印度和中国西藏这些地方，由于蟑螂少，家里有蟑螂象征那一家人有福报；如果没有福报，蟑螂都懒得去呢！"

从此，我对家里的蟑螂更客气。看到它们奔跑，我说："嘿，走慢点，别摔跤了！"看到蟑螂掉在马桶里，我把它们捞起来，说："游泳的时候要小心呀！"——我总是记着：我是有福报的人，所以它们才愿意来投靠我。

有一天，家里重新油漆，油漆工翻箱搬柜，工作了一星期，当工作结束时，工头一面向我收钱，一面向我邀功说："林先生，这一星期我至少帮你踩死一百只蟑螂。"

我听了怅然悲伤说："哎呀，你好残忍！我养了好几年蟑螂才养到一百多只呢！你一星期就踩死了一百只。"

工头愣在那里，很久说不出话来。

分别心

我们凡夫对世间万象总会生起分别的执着，对眼前的事物产生是非、善恶、人我、大小、美丑、好坏等种种的差别观感。这种取舍分别的心正是障碍佛道修行的妄想情执，这种心也称为"执着心""涉境心"。

依照《摄大乘论》的说法，凡夫所起的分别，是由迷妄所产生的，与真如法性不相契合。如果要得到"真如的心"，就必须舍离凡夫的分别智，依无分别智才行。

菩萨在初地入见道的时候，缘一切法的真如，超越"能知"与"所知"的对立，才可能获得平等的无分别智。所以才说："大道无难，唯嫌拣择。"

与"分别心"相对的是"平常心"。平常心不是没有是非、善恶、人我、大小、美丑、好坏的智觉，而是以心为主体，不被是非、善恶、人我、大小、美丑、好坏所转动、所污染。

让我们再来复习一下马祖道一和南泉普愿禅师的话："道不用修，但莫污染。何为污染？但有生死心，造作趣向，皆是污染。若欲直会其道，平常心是道。谓平常心无造作、无是非、无取舍、无断常、无凡无圣。"

"道不属知，不属不知；知是妄觉，不知是无记。若真达不疑之道，犹如太虚，廓然荡豁，岂可强是非耶。"

平等智

《法华经科注》中说："平等有二：一法平等，即大慧所观中道理也；二众生平等，谓一切众生皆因理以至于果，同得佛慧也。"

"平等"是佛教里最重要的思想。所以，佛陀经常勉励菩萨，要有平等心、平等力、平等大悲、平等大慧，然后由平等观、平等觉、平等三业证入平等性智、平等法身。

《华严经离世间品》里说到菩萨有十种平等：一切众生平等，一切法平等，一切刹平等，一切身心平等，一切善根平等，一切菩萨平等，一切愿平等，一切波罗蜜平等，一切行平等，一切佛平等。"菩萨若安住此法，则得一切诸佛无上平等之法。"

《大方等大集经》则举出众生的十种平等：众生平等，法平等，清净平等，布施平等，戒平等，忍平等，精进平等，禅平等，智平等，一切法清净平等。"众生若具此平等，能速得人无畏之大城。"

平等，是一切众生入佛智的不二法门；"不二"，也是平等。

平等，也是一切菩萨修行、契入大悲与大智的不二法门。

无相大师

从前有一位无相大师，收了两位弟子，一位敏慧，一位愚鲁。无相大师平常教化弟子常说："修行人最重要的就是宁做傻瓜。"

两位弟子都谨记在心。

有一天，下大雨，寺庙的大殿好几处漏雨。无相大师呼唤弟子说："下大雨了，快拿东西来接雨。"

敏慧的弟子提着一个小桶冲出来，师父看了很生气："下这么大的雨，你提这么小的桶怎么接？真是傻瓜！"弟子听了很不高兴，桶子一放，就跑了。

愚鲁的弟子匆忙间找不到桶子，随手取了一个竹篓冲出来。师父看了又好气又好笑，笑着说："你真是天下第一号大傻瓜，有漏洞的竹篓怎么能接雨呢？"

弟子看到无相大师笑得那么开心，又想到师父平常的教化："修行人最重要的就是宁做傻瓜。"现在师父说我"天下第一号大傻瓜"不是最大的赞美吗？一时心开意解，悟到应以无漏心来接天下的法雨，立即证入平等性，就开悟了！

黑夜的月亮与星星

在人生里也是这样，要有无漏的心，要有平等的心。那些被欲望葛藤所缚，追名逐利，藐视众生之辈，或者看我是傻瓜，但无所谓，因为"愚人笑我，智乃知焉"！

半杯水，可以看成是半空而惋惜，也可以看成半满，感到无比的庆幸！

天下没有最好吃的食物，饥饿的时候，什么食物都好吃。

天下也没有最好的处境，好心情的时候，日日是好日，处处开莲花!

天下没有最能开启觉悟的情与境，有清净心，平等看待生命的每一步，打破分别的执着，就是觉悟最好的情境!

在不能进的时候，何妨退一步看看。

在被阻碍的路上，何妨换一条路走走。

在被苦厄围困时，何妨转个心境体会体会。

天下没有永远的黑夜呀! 黎明必在黑夜之后，那时就会气清景明、繁花盛开了。

人生的黑夜也没什么不好，越是黑暗的晚上，月亮与星星就越是美丽。如果不是雪山的漫漫长夜，佛陀怎么会看见天边明亮的晨星呢!

东方不败与独孤求败

失败对于生命如污淤之于莲花

● ○ ────────────

　　最近，我被儿子拉去看徐克导演的《东方不败》，儿子是徐克迷，凡是徐克的电影都要去看，我去看"东方不败"则是对金庸的兴趣大过徐克。

　　看完《东方不败》之后，心里颇有一些迷思，想起影评人景翔说的，《东方不败》之前标明改编自金庸的小说，其实应该改为"改自金庸武侠小说的标题和人名"，因为这部电影从头到尾，不论情节、人物，都已经与金庸无关了。至于电影音乐为什么还是《笑傲江湖》这一首，从开始到剧终，景翔的说法是："因为黄霑还没有想出新的曲子。"

　　如果把《东方不败》和金庸的小说抽开，那还是一部好看的电影，声光、摄影的品质都在一般国语片之上，节奏之快速、武功之离奇也保持了徐克的一贯风格。

失败对于生命，有如淤泥之于莲花，
风雨之于草木，云彩之于天空。

　　如果要把电影和小说一起看，金庸的小说还是比徐克的电影要
有人文精神，想到十几年前，因为这部书里有"东方不败"这样的
人物、"葵花宝典"这样的武功秘籍、"教主洪福齐天，万岁、万岁、
万万岁"这样的讽刺，小说甚至在台湾被禁止出版。

　　想到十几年前，读金庸的小说像是读鲁迅的小说，由于被禁，读
起来既紧张又兴奋。我读的第一部金庸小说是《射雕英雄传》，还是
香港的版本，是香港朋友想尽办法才夹带进关的。

　　大凡金庸的小说都有启示性，像"东方不败"就是一个很好的例

子，为了练就绝世武功、一统天下，他不惜自宫，练功练到最后竟性格大变，男女难分。他从未失败过，一直到死前的那最后一战才失败，一败则死。

这使我们思考到，失败在一个人的生命中的意义。人生里不免遭逢失败，那么，我们宁可在失败中锻炼出刚健的人格，也不要由于永不失败而造成一个高傲、残缺、暴戾的人格。一个自认为永不失败的人，到最后由于措手不及，那失败往往是极端惨痛的——人生里是不可能永不失败的，因此"东方不败"这样的人物只是一个象征，象征我们处在逆境的时候应有一种坦然的态度，金庸先生写这一人物深彻骨髓，使我确信他一定是深沉了解这种痛苦的。遗憾的是徐克的电影没有这样的人文性。

在金庸小说里，除了"东方不败"，还有一位"独孤求败"令人印象深刻，独孤求败因为武功太高了，从来没有失败过，使他非常痛苦，到处与人比武，求败而不可得，一生为此而终日郁郁，失败对他来讲竟是如此珍贵，听到天下有武功高的人，甚至愿意奔行千里，去求得一败。

"一生得不到失败，竟是最大的失败"，这是金庸为独孤求败赋予的寓意。我们生命历程中的失败近在眼前，往往避之唯恐不及，独孤求败的失败则远在千里，求之而不可得。

失败对于生命，有如淤泥之于莲花，风雨之于草木，云彩之于天空，死亡之于诞生，如果没有失败的撞击，成功的火花不会闪现；没有痛苦悲哀，怎么能显现快乐与欢愉的可贵？如果没有死亡，有谁会珍惜活着的价值和意义呢？

金庸小说中的另一个人物老顽童周伯通，由于武功太高了，没有对手，只好每天用自己的左手打右手，感到人生单调，而游戏人间。

我想到，最好的人生是五味俱全，有苦有乐，有泪有笑，有爱有恨，有生有死，有低吟有狂歌，有振臂千仞之刚也有独怆然而泪下，酸、甜、苦、辣、咸，此起彼落。想一想，如果面对一桌没有调味的菜肴，又如何会有深沉的滋味呢？

永不失败的生命与永远在求取失败的生命一样，都将走入偏邪的困局，东方不败与独孤求败正是如此。

水清无鱼、山乱无神，让我们坦然于生活里的痛苦与失败，因为这正是欢喜与成功的养料，没有比这种养料对于人格的壮大、坚强、圆满更有益的了。

我们独饮生命的苦汁，那是为了唱出美丽的高音；我们在失败时沉潜，是为了培养在波涛中还能向前的勇气呀！

静静的鸢尾花

即使在生命中最晦暗的时刻，
也要展现欢腾的生命力

● ○ ───────

　　第一次看见凡·高的《鸢尾花》使我的心中为之一震。凡·高画过两幅《鸢尾花》，一幅是海蓝色的鸢尾花盛开在田野，背景是翠绿色，开了许多橘黄色的菊花；另外一幅是在花瓶里，嫩黄色的背景前面的鸢尾花就变黑了，有一株竟已枯萎衰败，倒在花瓶边。

　　这两幅著名的《鸢尾花》，前者画于 1889 年的夏天，后者画于 1890 年的 5 月，而凡·高在两个月后的 7 月 27 日举枪自杀。

　　我之所以感到震惊，来自两个原因，一是画家如此强烈地在画里表现出他心境的转变，同样是鸢尾花，前者表现了春日的繁华，后者则是冬季的凋萎；一是鸢尾花又叫紫罗兰，一向给我们祥和、安宁、温馨的象征，在画家的笔下，却是流动而波涛汹涌的。

　　我是在荷兰的阿姆斯特丹的凡·高美术馆看见那两幅《鸢尾花》的，一幅是真迹，另一幅是复制品，看完后在阿姆斯特丹市立公园的喷水池旁就看见了一大片的鸢尾花，宝蓝而带着粉紫，是那么美丽而柔美，叶片的线条笔直爽朗，使我很难把真实的鸢尾花与画家笔下的鸢尾花合二为一，因为透过了凡·高的心象，鸢尾花如同拔起的一只巨鸢，正用锐眼看着这波折苦难的人间。

坐在公园的铁椅上，我就想起了凡·高与鸢尾花的名字，我想到"梵"（台湾多译作梵高）如果改成"焚"字，就更加能够表达凡·高那狂风暴雨一般的画风了。而鸢鸟呢？本来就是一种凶猛的禽类，它的头顶和喉部是白色，嘴是蓝色，身体是带紫的褐色，腹部是淡红色，尾巴则是黑褐色。如果用颜色与形貌来看，紫罗兰应该叫"鸢头花"，由于用这样的猛禽来形容，使得我们对鸢竟有了一种和平与浪漫的联想。

在近代的艺术史上，许多艺术家都有争议之处，凡·高是少数被认为"伟大的艺术家"而没有争议的。凡·高也是能令不少学院的教授或民间的百姓都感动的画家。我喜欢他早年的几幅作品，像《食薯者》《两位挖地的妇女》《拾穗的农妇》《播种者》等等，都是一般的百姓看了也会流泪的作品，特别是一幅《小麦束》，整个画面都是金色，收割后的麦子要落到地下来，真是美丽，充满了温馨。

我想，我们会喜欢凡·高。其一，由于他对绘画那专注虔诚的态度，这种专注虔诚非凡人所能为；其二，是他内在那热烈狂飙的风格，是我们这些表面理性温和者潜在的特质；其三，是他那种魄大而勇敢、近于赌注的线条，仿佛在呼唤我们一样。我觉得我还有一个更可佩的理由，是在凡·高的画里，我们只看见明朗的生命之爱，即使是他生命中最晦暗的时刻，他的画都展现强大的生命力，好像是要救赎世人一样。怪不得左拉曾说凡·高是"基督再世"，这是对一个艺术家最大的赞美了。

我们再回到凡·高的《鸢尾花》吧！他的一幅《鸢尾花》曾以5390万美金拍卖，是全世界最贵的画，可见艺术心灵的价值是难以估算的。

我最近重新读凡·高写给弟弟提奥的全部书简，在心里对凡·高逝世一百周年表示崇敬之意。

我们来看他的两幅《鸢尾花》的背景，第一幅是在1889年的夏天，凡·高写道："亲爱的提奥，但愿你能看到此刻的橄榄树丛！它的叶子像古银币，那一簇簇的银在蓝天和橙土的衬托下转化成绿，有时候真与你人在北方所想的大异其趣啊！它好似我们荷兰草原上的柳树或海岸上的橡树；它的飒飒风声里有一股神秘的滋味，像在倾诉远古的奥秘。它美得令人不敢提笔绘写，不能凭空想象。""这段时间，我尽可能做点事情，画了一些东西。手边有一张开粉红花的栗树夹道风景，一棵正在开花的小樱桃树，一株紫色藤科植物，以及一条舞弄光影的公园小径。今儿整日炎热异常，这往往有益我身，我工作得更加起劲。"凡·高喜欢他的《鸢尾花》，在1890年7月他给他弟弟的信中说过："我希望你将看出《鸢尾花》一画有何独到之处。"

1890年的5月，关于《鸢尾花》他写道：

我以园中的草地为题材画了两幅画，其中一幅很简

单，草地上有白色的花及蒲公英和一小株玫瑰。我刚完成
一幅以黄绿色为底色，插在一只绿色瓶子里的粉红花束；
一幅背景呈淡绿的玫瑰花；两幅大束的紫色的鸢尾花，其
中一束衬以粉红色为背景，由于绿、粉红与紫的结合，整
个画面一派温柔和谐，另一幅则突立于惊人的柠檬黄之
前，花瓶和瓶架呈另一种黄色调……

读凡·高的书简和看他的画一样令人感动。我们很难想象在画中
狂热汹涌的凡·高，他的信却是很好的文学作品，理性、温柔，条理
清晰，并以坦诚的态度来面对自己的艺术与疾病。这一书简忠实地呈
现了一个艺术家的创作历程与心理状态，是凡·高除了绘画留下来的
最动人的遗产。

凡·高逝世前一年，他的作品巧合地选择了一些流动的事物，譬
如飘摇的麦田，凌空而至的群鸥，旋转诡异的星空，阴郁曲折的树林
与花园。在这些变化极大的作品中，他画下了安静温柔和谐的鸢尾
花，使我们看见了画家那沉默的内在之一角。

凡·高逝世一百周年了，使我想起从前在阿姆斯特丹凡·高美术
馆参观的那个午后，公园中下起那一片鸢尾花，想起他给弟弟的最后
一句话："在忧思中与你握别。"也想起他信中的两段感人的话：

一个人如果够勇敢的话，康复乃来自他内心的力量，
来自他深刻忍受痛苦与死亡，来自他之抛弃个人意志和一

己爱好。但这对我没有作用；我爱绘画，爱朋友和事物，爱一切使我们的生命变得不自然的东西。

　　苦恼不该聚在我们的心头，犹如不该积在沼池一样。

　　对于像凡·高这样的艺术家，他承受巨大的生命苦恼与挫折，却把痛苦化为欢歌的力量、明媚的颜色，来抚慰许多苦难的心灵，怪不得左拉要说他是"基督再世"了。

　　翻译《凡·高传》和《凡·高书简》的余光中，曾说到他译《凡·高传》时生了大病，但是"在一个元气淋漓的生命里，在那个生命的苦难中，我忘了自己小小的烦忧"，"是借他大人之大愁，消自家之小愁"。

　　我读《凡·高传》和《凡·高书简》时数度掩卷长叹，当凡·高说："我强烈地感到人的情形仿如麦子，若不被播到土里，等待萌芽，便会被磨碎制成面包！"诚然让我们感到生命有无限的悲情，但在悲情中有一种庄严之感！

我们独饮生命的苦汁，那是为了唱出美丽的高音；

我们在失败时沉潜，是为了培养在波涛中还能向前的勇气呀！

山色如何

唯有在深沉的黝黯中，
才能真正热切地期待破云的阳光

● ○ ────────

苏东坡有一次游江西庐山，见到龙兴寺的常聪和尚，两人熬夜讨论"无情说法"的公案，第二天清晨醒来，他听见了溪流的声音，看见清净的山色，随即赋了一偈：

溪声尽是广长舌，

山色岂非清净身；

夜来八万四千偈，

他日如何举似人。

自己觉得意犹未尽，又在柔和的晨光中写下两偈：

横看成岭侧成峰，

远近高低各不同；

不识庐山真面目，

只缘身在此山中。

庐山烟雨浙江潮，

未到千般恨不消；

到得元来无一事，

庐山烟雨浙江潮。

这三首偈被广为传诵，被看成正好可以和青原惟信禅师说的山水观前后印证："三十年前见山是山，见水是水。及后亲见亲知，有个入处，见山不是山，见水不是水。如今得个休歇处，依旧见山是山，见水是水。"

苏东坡的三首偈后来一直被讨论着，特别是第一首，云堂的行和尚读了以后，认为"溪声""山色""夜来""他日"几个字是葛藤，把它改成：

溪声广长舌，

山色清净身；

八万四千偈，

如何举似人。

有一位正受老人看了，觉得"广长舌""清净身"太露相，一首偈于是被改成了对联：

溪声八万四千偈，
山色如何举似人。

庵禾山和尚看了，摇头说：
"溪声、山色也都不要，若是老僧，只是'嗯'一声足够！"
许多人都觉得庵禾山和尚的境界值得赞叹，我认为，苏东坡的偈仍是可珍爱的，如果没有他的偈，庵禾山和尚也说不出"'嗯'一声足够"了。

文学与佛性之间，或者可以看成从一首偈到一声嗯的阶梯，一路攀爬上去，花树青翠，鸟鸣蝶飞，溪声山色都何其坦然明朗地展现在我们的眼前，到了山顶，放眼世界全在足下，一时无话可说，大叹一声："嗯！"

可是到山顶的时候总还有个立脚处，有个依托，若再往上爬，云天无限，除了"维摩诘的一默，有如响雷"之外，根本就不想说了。

沉默，就是响雷，的确是最高的境界。不过，对于连雷是什么都不知道的人，锣鼓齐催，是必要的手段。

我想到一个公案，有一个和尚问慧林慈爱禅师：
"感觉到了，却说不出，那像什么？"
"哑子吃蜜。"慈爱禅师回答。

"没有感觉到，却说得有声有色，又像什么？"

慈爱禅师说："鹦鹉学人。"

用文学来写佛心，是鹦鹉学人，若学得好，也是很值得赞叹，但文学所讲的佛与禅，是希望做到"善言的人吃蜜"。能告诉别人蜜的滋味，用白瓷盛的蜜与破碗装的蜜，都是一样甘甜。

我的文章，是希望集许多响雷，成为一默。

也成为，响雷之前，那光明如丝、崩天裂云的一闪。

有时候，我说的是雷声闪电未来之前，乌云四合的人间。

那是为了，唯有在深沉的黝黯中，我们才能真正热切地期待破云的阳光。

月 到 天 心

在最黑暗的时刻，
仍然放散月的光明

● ○ ————————

二十多年前的乡下没有路灯，夜里穿过田野要回到家里，差不多是摸黑的，平常时日，都是借着微弱的天光，摸索着回家。

偶尔有星星，就亮了很多，感觉到心里也有星星的光明。

如果是有月亮的时候，心里就全部沉淀下来，丝毫没有了黑夜的恐惧。在南台湾，尤其是夏夜，月亮的光格外光明，能使整条山路都清清楚楚地延展出来。

乡下的月光是很难形容的，它不像太阳的投影是从外面来，它的光明犹如从草树、从街道、从花叶，乃至从屋檐下、墙垣内部微微地渗出，有时会误以为万事万物的本身有着自在的光明。假如夜深有雾，到处都弥漫着清气，当萤火虫成群飞过，仿佛是从月光中掉落出来的精灵。

每一种月光下的事物都有了光明，真是好！

更好的是，在月光底下，我们也觉得自己心里有着月亮，有着光明，那光明虽不如阳光温暖，却是清凉的，从头顶的发到脚尖的指甲都感受月的清凉。

走一段路，抬起头来，月亮总是跟着我们，照着我们。在童年的岁月里，我们心目中的月亮有一种亲切的生命，就如同有人提灯为我们引路一样。我们在路上，月在路上；我们在山顶，月在山顶；我们在江边，月在江中；我们回到家里，月正好在家屋门前。

直到如今，童年看月的景象以及月光下的乡村都还历历如绘。但对于月之随人却带着一丝迷思，月亮永远跟随我们，到底是错觉还是真实的呢？可以说它既是错觉，也是真实的。由于我们知道月亮只有一个，人人却都认为月亮跟随自己，这是错觉；但当月亮伴随我们时，我们感觉到月是唯一的，只为我照耀，这是真实。

长大以后才知道，真正的事实是，每一个人心中有一弯月，它是独一无二、光明湛然的，当月亮照耀我们时，它反映着月光，感觉天上的月也是心中的月。在这个世界上，每个人心里都有月亮埋藏，只是自己不知罢了。只有极少数的人，在最黑暗的时刻，仍然放散月的光明，那是知觉到自己就是月亮的人。

这是为什么禅宗把直指人心称为"指月"，指着天上的月教人看，见了月就应忘指；教化人心里都有月的光明，光明显现时就应舍弃教化。无非是表明了人心之月与天边之月是相应的、含容的，所以才说"千江有水千江月，万里无云万里天"，即使江水千条，条条都有一轮明月。从前读过许多诵月的诗，有一些颇能表达"心中之月"的境

月到天心、风来水面，都有着清凉明净的意味，
只有微细的心情才能体会，一般人是不能知道的。

界，例如王阳明的《蔽月山房》：

　　山近月远觉月小，便道此山大于月。
　　若人有眼大如天，当见山高月更阔。

　　确实，如果我们能把心眼放开到天一样大，月不就在其中吗？只是一般人心眼小，看起来山就大于月亮了。还有一首是宋朝理学家邵雍写的《清夜吟》：

　　月到天心处，风来水面时。
　　一般清意味，料得少人知。

　　月到天心，风来水面，都有着清凉明净的意味，只有微细的心情才能体会，一般人是不能知道的。
　　我们看月，如果只看到天上之月，没有见到心灵之月，则月亮只是极短暂的偶遇，哪里谈得上什么永恒之美呢？
　　所以回到自己，让自己光明吧！

向寒暑处去

与其憎恨寒暑，回避寒暑，
还不如去面对它

● ○ ————————

世人休说路行难，

鸟道羊肠咫尺间；

珍重苎谿谿畔水，

汝归沧海我归山。

——保福清谿禅师

最近正逢一年一度的考季，我有一些亲戚朋友的孩子也在应考，大家都不免心情忐忑。一方面抱怨天气实在太热，联考最好改在春秋两季举行，气候适宜，免得苦了考生又苦了家长。另一方面担心自己的孩子考不上，不知道如何面对打击，甚至是不是可以承受这种打击。

我觉得联考在什么时间举行其实都是一样的，因为全体考生都在该时间应考，非常公平。而季节也没有什么好坏之分，古代大肆宰杀牛羊祭祀天地都是在春天，处死犯人的"秋决"则是在秋季，春秋两季也不见得都是好的。

至于考不考得上大学，并不能决定人生的方向，每年落榜的人数总是超过上榜的人数，大部分的孩子在事前都有这种认知，因此也可以度过落榜的煎熬。

在长远的人生道途上，一时的失败不一定是真失败，那是由于人生有许多变数，不是一时两季就能断定。换个方式说，有许多家长害怕自己的子女在台湾长大要面对升学联考的压力，因此移民到国外，但是，不论走遍天涯海角，比联考更重大的人生考验多的是！

这使我想起在《碧岩录》里的一则禅公案：

僧问洞山："寒暑到来，如何回避？"

（寒冷和酷暑到来的时候，要怎样去回避？）

洞山说："何不向无寒暑处去？"

（那为什么不去没有寒冷和酷暑的地方呢？）

僧云："如何是无寒暑处？"

（如何才是没有寒冷和酷暑的地方？）

洞山说："寒时寒杀阇黎，热时热杀阇黎！"

（冷时冷死你，热时热死你，那就是没有寒暑的地方！）

我喜欢这个公案，因为它表达了极为丰富的人生情境，在我们生活的自然现象里，寒冷与酷暑都是使我们感觉痛苦，违背我们心意，人人都想回避的。可是寒冷与酷暑实际上对自然的运作有帮助。没有寒冷的凋敝与休息，春天就不可能萌发；若没有酷暑，就没有坚实的秋收了。

自然界的寒冷与酷暑，在人生中的象征则是各种痛苦、困境与考验。人活着而有痛苦、困境与考验，根本是无可回避的现实，有如自然之有寒暑，与其憎恨寒暑，回避寒暑，还不如去面对它，知道寒暑是自然的一体。

近代禅学大师铃木大拙，有一次遇到一位对东方哲学很有研究的瑞士籍教授，谈到禅心。瑞士教授盛赞中国禅在面对酷暑时用"心静自然凉""家家有明月清风"，确实是远胜西方人的冷气机呀！

铃木大拙不以为然，他说："我认为发明冷气机本身就是一种禅心。"

"心静自然凉"和冷气机都是由面对酷暑而产生的，这种面对是融入了环境的现实，去一个没有寒冷和酷暑的地方。我们喜与春秋为伍，因此和冬夏生起对立的心；我们渴求无灾无难，事事如意，因此畏怯痛苦、困境与考验。

但寒暑、痛苦、困境与考验都是没有实体的东西，买一部冷（暖）气机就解决寒暑的问题。同样地，准备好面对痛苦、困境与考验，就可以用"大死一番"的坦然面对人生，然后才可以"大活现成"！联考的失败不会逼人走进绝路，只有回避、畏怯、憎恨自己才会走入绝路。

《正法眼藏》里记载一位盘山禅师，久修不悟，颇为烦恼，有一天独行过街，看到一个人在肉摊前买猪肉，对肉摊老板说："给我切

人活着而有痛苦、困境与考验，根本是无可回避的现实，
有如自然之有寒暑，与其憎恨寒暑，回避寒暑，
还不如去面对它，知道寒暑是自然的一体。

一斤上好的肉。"

肉摊老板听了，两手交叉在胸前说："哪一块不是上好的肉呢？"

盘山禅师听了当下大悟。

肉本来就没有好坏、上下，就像有人偏爱吃猪头皮、猪蹄、猪尾巴一样，对他来说，那最低贱的反而是最上等的好肉。

考联考的孩子动辄十数万，哪一个不是上等的好孩子呢？考上了，是我们的好孩子，没考上，也依然是我们的好孩子呀！

形与影之间

要使自己成为大山，
不只是路上的影子

● ○ ──────────

与朋友去登大屯山。

秋气景明，我们沿着两旁种满箭竹的石板阶梯缓步攀高，偶尔停下来俯望红尘万丈的城市，以及在山间流动着的雾气，时有不知名的鸟，如箭凌空而过，留下清越的叫声。

不知道为什么，我们谈起了"文学死亡"的问题，大概是因为《蓝星》诗刊的停刊吧。

《蓝星》是仅存的一本大型诗刊，它的停刊等于正式为诗刊画下了休止符。

近年来出版的文学书籍普遍滞销，使得出版文学书籍的出版社多处于半停滞的状态，有勇气出版文学书籍的出版社往往要面临库存较大与赔本的命运。

近年来，似乎也没有特别引人注目的文学作品，从前一有好的创作就奔走相告、洛阳纸贵的情景，仿佛只能在梦中追忆了。

朋友说文学没落，或者说文学濒临死亡的原因，是读者与市场不支持。文学投入市场一再地招致挫败，使出版者望而却步，不敢在文学作品上投资。作家由于得不到响应，创作上意兴阑珊，甚至一些有才情的作家转业从商，做房地产和炒股票。更年轻的创作者把这些看在眼里，不敢再走文学的道路。长久下来，文学自然没落了。

"最重要的原因还在于现代人不读书，没有市场。"朋友说。

这时，我们正好登上了大屯山的最高点。

听说这是台北盆地的第三高峰，视野果然开阔，可以一直看到北面的海边，环顾四面，整个台北就展现在眼前了。听说每年到冬天，我们站立的大屯山最高点都会下雪，那时站在雪封的顶端，城市之繁美、灯火之亮灿就更动人心魄了。

我对朋友说，文学之没落与市场的关系微乎其微。在古代，中国的文学并没有什么市场，文学家还不是写出了无数感人的伟大作品吗？以我正在读的寒山子的诗为例，寒山子"每得一篇一句，辄题于树间石上"，一共写了六百多首诗，现存的就有三百一十二首。

在树上、石头上都可以写诗，哪来什么市场问题呢？寒山子有一首诗可以表达他的创作心境——

一住寒山万事休，

更无杂念挂心头。

闲于石壁题诗句，

任运还同不系舟。

可见，一个文学家从事创作乃是基于心灵的渴望与表达，有市场时固然可以刺激作品产生，但即使没有市场，也应该一样能写出好的作品。如果一个文学作家必须仰赖市场而创作，则表示他的创作心灵尚未到达成熟之境。

因此，读者不应该为文学的没落承担任何责任。说现代人不读书也不公平，近几年，台北就出现了许多家面积超过四百坪的大型书店，可见读书人口是在增加的。许多读书人宁可去读对心灵没有助益的东西，而不愿读文学书，光是这一点就值得文学家深思了。

市场对文学无绝对影响，读书人的数量也在增加，文学却奄奄一息。

我对朋友说："我们写作的人应该反省。我每读报上或周刊上介绍的好书，都觉得比读唐宋时期的作品还难懂，文字艰涩、思想僵化、创作浮夸，作者呢，写作态度浅薄，名利心跃然于纸上，文学没落实在是有道理呀！"

反过来说，要使文学重活于世间，我们必须写一些文字优美、思想开阔、创作深刻、写作态度诚恳、不为名利的作品，这才是拯救文学之道，至于稿费、市场、对文学家的尊重都是次要的了。

从大屯山主峰下来，夕阳已经快西下了，满山的绿草蒙着金光，洁白的菅芒草含苞饱满，等待着秋天吐蕊盛放。它们永远都是那样盛放，不会因为有人看就开得更美，也不会因为没人看就随便一开，不

山就在那里，不会因为有人看就变得更美。

会先有意识形态再开，不会结党营私，也不会故意要开成后现代主义
的样子。甚至呀甚至，它们不会故意开出别人不能欣赏的样子，以证
明自己的纯白。

由于夕阳的关系，大屯山的整个山影投射在马路上。那影子的线
条十分优美，可以使人想象到那座山的伟岸。但是影子到底不是真实
的山，正如所有对文学没落的思维、研究、检讨，都不如努力去创
作。所有的形式、主义、意识形态、同人情结都只是路上的影子，不
是真正的大山。

我们的车子沿路下山，穿过台北县和台北市的界碑。我想，文学
家应该突破疆界，以更大的包容与自由来努力写作！

要使自己成为大山，不只是路上的影子。

地暖，或者春寒

只有哭得很好的人，
才能笑得很好

● ○ ────────

黄花熳熳，翠竹珊珊；

江南地暖，塞北春寒。

游人去后无消息，

留得云山到老看。

————宝觉禅师

　　我们看到禅师又哭又笑、又跳又叫、又打又骂时，会觉得十分难以理解，那是因为我们用分别之眼在看禅师的不二之心，自然不能知道那站在高处的风景——在低处的时候，我们住在这个村落，想到隔山那边另一个村落很遥远，如果我们爬到了山顶，这个村落到那个村落，只是一转头、一瞬间的事了。

　　我童年的时候，每次随母亲回娘家，总觉得外婆住在很遥远的地方，因为是用步行，加上人小腿短，在中途都要休息好几次，好不容易抵达，和哥哥弟弟全累成一团了。不久前，我开车载母亲回去，发现十分钟不到我们就在外婆家的院子了。

这个世界是相对的，时间空间的改变，使我们对事物的看法改变，禅心也是如此，它不是用来改变生活的，而是看清生活的真实。与"禅心"相对的是"凡心"，也就是凡俗的心，是一般人眼见的世界，是迷惑于世界的变幻，不同的是禅者在这种变幻中看到了真如，体会了不动的一面。

药山惟俨禅师有一天和两位得意的弟子道吾与云严在庭院中散步，看到院子里有两棵树，一棵正繁茂地生长，另一棵则完全枯干了，药山指着两棵树问道吾：

"是枯的对，还是荣的对？"

"荣的对。"道吾回答说。

药山说："灼然一切处，光明灿烂去！"（如果是繁茂的才对，那么一切都是光明灿烂的了！）

然后，他转头问云严：

"是枯的对，还是荣的对？"

"是枯的对。"云严回答说。

药山说："灼然一切处，放教枯淡去！"（如果枯干的才是对的，那么一切都枯萎死寂了！）

这时候，正好一位小沙弥走过，药山就问他：

"是枯的对，还是荣的对？"

枯就是荣，笑就是哭。只有在冬天落得很干净的树，
春天才能吐出最翠绿的芽！只有哭得很好的人，才能笑得很好！

小沙弥回答说："枯者从他枯，荣者从他荣。"（枯干的让它去枯干，繁茂的让它去繁茂吧！）

药山说："不是！不是！"（你们说的都不对！）

然后就不说话了。

这个公案很有趣，启示我们，人很容易被表相所惑，其实枯干的树曾经繁茂过，繁茂的树到最后也会枯干，枯或荣只是它们的表面现象，本质是没有差别的。我们加以分别对错，就是对实相的无知；然而，如果都不理它，任它去，也是不对的，因为这就失去了认知的本体，没有自我的观照了。

若拿这个来象征禅心，禅心既不应该被繁茂之境转成光明灿烂，也不应该被枯干之周转成放教枯淡。当然，完全无为也不对。它是在内在里无所不能，在表现上有所不为，是不被境况转动，有如行云不被高山所阻挡，流水不被树竹妨碍，踏雪而过，了无痕迹。

马祖道一有一次和百丈怀海在散步，突然看见一群野鸭子飞过天空。

马祖问百丈："那是什么？"

百丈说："野鸭子！"

马祖问："野鸭子到哪里去？"

百丈答："飞过去了！"

于是马祖回头用力捏了百丈的鼻子，百丈痛得失声大叫，马祖说："野鸭子又飞过去了！"百丈听了有所省悟，等回到寺院里，自顾自地哀哀大哭。师兄弟都来问他："你在想念父母吗？"百丈说：

"没有！"又问："那么你是被人骂了？"百丈说："也没有！"又问："那你为什么大哭呢？"百丈说："我的鼻子被师父捏得骨头都痛了！"大家就问他："你和师父有什么因缘不契呢？"他说："你们去问师父吧！"

师兄弟一起去问马祖："师父，百丈和你有什么因缘不契？正在寮房里大哭呢！"

马祖说："是他会了，你们回去问他吧！"

大家回到寮房就问百丈："师父说你已经会了，叫我们来问你！"

百丈听了哈哈大笑，大家都不得其解，说："你刚刚还在大哭，现在怎么又大笑了？"

百丈说："适来哭，如今笑。"（刚刚想哭就哭，现在想笑就笑！）

百丈怀海如果生在现代，又落在俗人眼里，一定以为他的精神有问题，因为我们一般人没有这样痛快淋漓，我们总是为昨日的烦恼忧伤，或沉醉在往日的情怀里，我们总是压抑自己的情绪，想哭不敢哭，想笑不会笑！

禅师们的眼里，枯或荣、黄花或翠竹、地暖或春寒都只是境况的转换，云山总是不变的。

枯就是荣，笑就是哭。只有在冬天叶子落得很干净的树，春天才能吐出最翠绿的芽！只有哭得很好的人，才能笑得很好！

哭是很开朗的！笑是很庄严的！只要内心处在常醒的状态，一切都是好的。

能以思念之情来转换情爱失落败坏的人，就可以以自己为灯，做自己的归依处，纵是含悲忍泪，也不会失去自己的光明。

伍

CHAPTER
FIVE

情皆因缘

温和而积极的爱方能久远

在梦的远方

这一世没有白来，
因为会见了母亲

● ○ ────────

有时候回想起来，我母亲对我们的期待并不像父亲那么明显而长远。小时候我的身体差、毛病多，母亲对我的期望大概只有一个，就是祈求我健康，为了让我平安长大，母亲常背着我走很远的路去看医生，所以童年时代我对母亲留下的第一印象，就是趴在她的背上，去看医生。

我不只是身体差，还常常发生意外。三岁的时候，我偷喝汽水，没想到汽水瓶里装的是"番仔油"（夜里点灯用的臭油），喝了一口顿时两眼翻白，口吐白沫，昏了过去。母亲立即抱着我以跑一百米冲刺的速度到街上去找医生，那天是大年初二，医生全休假去了，母亲急得满眼是泪，却毫无办法。

"好不容易在最后一家诊所找到医生，他打了两个生鸡蛋给你吞下去，你又有了呼吸，眼睛也张开了，直到你张开眼睛，我也在医院昏过去了。"一直到现在，母亲每次提到我喝番仔油，还心有余悸，好像捡回一个儿子。听说那一天她为了抱我看医生，跑了将近十公里。

四岁那一年，我从桌子上跳下时跌倒，撞到母亲的缝纫机铁脚，整个后脑壳撞裂了，母亲正在厨房里煮饭。我自己挣扎站起来叫母亲，母亲从厨房跑出来。

"那时，你从头到脚，全身是血，我看到第一眼，心头浮起的一个念头是：这个团仔无救了。幸好你爸爸在家，坐他的脚踏车去医院，我抱你坐在后座，一手捏住脖子上的血管，到医院时我也全身是血，立即推进手术房，推出来时你叫了一声妈妈，呀，呀！我的团仔活了，我的团仔回来了……我那时才感谢得流下泪来。"母亲说这段时，喜欢把我的头发撩起，看我的耳后，那里有一道二十厘米长的疤痕，像蜈蚣盘踞着，听说我摔了那一次，聪明了不少。

由于我体弱，母亲只要听到有什么补药或草药吃了可以使孩子的身体好，就会不远千里去求药方，抓药来给我补身体，可能补得太厉害，我六岁的时候竟得了疝气，时常痛得在地上打滚儿，哭得死去活来。

"那一阵子，只要听说哪里有先生、有好药，都要跑去看，足足看了两年，什么医生都看过，什么药都吃了，就是好不了。有一天有一个你爸爸的朋友来，说开刀可以治疝气，虽然我们对西医没信心，还是送去开刀了，开一刀，一个星期就好了。早知道这样，两年前送你去开刀，不必吃那么多苦。"母亲说吃那么多苦，当然是对我而言，因为那个时代的妈妈，是从来不会想到自己的苦。

过了一年，我的大弟得小儿麻痹，一星期就过世了，这对母亲是个严重的打击，由于我和大弟年龄最近，她差不多把所有的爱都转到我身上，对我的照顾可以说是无微不至，并且在那几年对我特别溺爱。

例如，那时候家里穷，吃鸡蛋不像现在的小孩可以吃一个，而是一个鸡蛋要切成"四洲"（就是四片）。母亲切白煮鸡蛋有特别方法，她不用刀子，而是用车衣服的白棉线，往往可以切成四片同样大，然后像宝贝一样分给我们。每次吃鸡蛋，她常背地里多给我一片。有时候很不容易吃苹果，一个苹果切十二片，她也会给我两片。如果有斩鸡，她总会留一碗鸡汤给我。

可能是母亲照顾周到，我的身体竟奇迹般好起来，变得非常健康，常常两三年都不生病，功课也变得十分好，很少考第二名，我母亲常说："你小时候考了第二名，自己就跑到香蕉园躲起来哭，要哭到天黑才回家，真是死脑筋，第二名不是很好了吗？"

但我身体好、功课好，母亲并不是就没有烦恼，那时我个性古怪，很少和别的小朋友在一起玩，都是自己一个人玩，有时自己玩一整天，自言自语，即使是玩杀刀，也时常一人扮两角，一正一邪互相对打，而且常不小心让匪徒打败了警察，然后自己蹲在田岸上哭。幸好那时候心理学没现在发达，否则我一定早被送去看医生了。

"那时庄稼团仔很少像你这样独来独往的，满脑子不知在想什么，有一次我看你坐在田岸上发呆，我就坐在后面看你，那样看了一下午，后来我忍不住流泪，心想：这个孤怪囝仔，长大以后不知要给我们变出什么出头。就是这个念头也让我伤心不已。后来天黑，你从外面回来，我问你：'你一个人坐在田岸上想什么？'你说：'我在等煮饭花开，等到花开我就回来了。'这真奇怪，我养一手孩子，从来没有一个坐着等花开的。"母亲回忆着我童年的一个片段，煮饭花就是紫茉莉，总是在黄昏时盛开，我第一次听到它是黄昏开时不相信，就坐一下午等它开。

不过，母亲的担心没有太久，因为不久有一个江湖术士到我们镇上，母亲先拿大弟的八字给他排，他一排完就说："这个孩子已经不在世上了，可惜是个大富大贵的命，如果给一个有权势的人做儿子，就不会夭折了。"母亲听了大为佩服，就拿我的八字去算，算命的说："这孩子小时候有点怪，不过，长大会做官，至少做到省议员。"母亲听了大为安心，当时在乡下做个省议员是很了不起的事，从此她对我的古怪不再介意，遇到有人对她说我个性怪异，她总是说："小时候怪一点没什么要紧。"

偏偏在这个时候，我恢复正常。小学五六年级我交了好多好多朋友，每天和朋友混在一起，玩一般孩子的游戏，母亲反而担心："哎呀，这个孩子做官无望了。"

我十五岁就离家到外地读书了，母亲因为会晕车，很少到我住的学校看我，我们见面的机会就少了，她常说："出去好像丢掉，回来像是捡到。"但每次我回家，她总是唯恐我在外地受苦，拼命给我吃，然后在我的背包塞满东西。我有一次回到学校，打开背包，发现

有很多梦是遥不可及的，但只要坚持，就可能实现。

里面有我们家种的香蕉、枣子，一罐奶粉、一包人参、一袋肉松、一包她炒的面茶、一串她绑的粽子，以及一罐她亲手腌渍的菠萝竹笋豆瓣酱……还有一些已经忘了。那时觉得东西多到可以开杂货店。

那时我住在学校，每次回家返回宿舍，和我住一起的同学都说是"小过年"，因为母亲给我准备的东西，我一个人根本吃不完。一直到现在，我母亲还是这样，我一回家，她就把什么东西都塞进我的包里，就好像台北闹饥荒，什么都买不到一样。有一次我回到台北，发现包特别重，打开一看，原来母亲在里面放了八罐汽水。我打电话给她，问她放那么多汽水做什么，她说："我要给你们在飞机上喝呀！"

高中毕业后，我离家愈来愈远，每次回家要出来搭车，母亲一定放下手边的工作，陪我去搭车，抢着帮我付车钱，仿佛我还是个三岁的孩子。车子要开的时候，母亲都会倚着车站的栏杆向我挥手，那时我总会看见她眼中有泪光，看了令人心碎。

要写我的母亲是写不完的，我们家五个兄弟姊妹，只有大哥侍奉母亲，其他的都高飞远扬了，但一想到母亲，好像她就站在我们身边。

这一世我觉得没有白来，因为会见了母亲，我如今想起母亲的种种因缘，也想到小时候她说的一个故事。

有两个朋友，一个叫阿呆，一个叫阿土，他们一起去旅行。

有一天来到海边，他们看到海中有一个岛，看着看着，他们因疲累而睡着了。夜里阿土做了一个梦，梦见对岸的岛上住了一位大富翁，在富翁的院子里有一株白茶花，白茶花树根下有一坛黄金，然后阿土就醒了。

第二天，阿土把梦告诉阿呆，说完后叹了一口气说："可惜只是个梦！"

阿呆听了信以为真，说："可不可以把你的梦卖给我？"阿土高兴极了，就把做梦的权利卖给阿呆。

阿呆买到梦以后，就向那个岛出发，阿土卖了梦就回家了。

到了岛上，阿呆发现果然住了一个大富翁，富翁的院子里果然种了许多茶树，他高兴极了，就留下做富翁的用人，做了一年，只为了等待院子的茶花开。

第二年春天，茶花开了，可惜，所有的茶花都是红色，没有一株是白茶花。阿呆就在富翁家住了下来，等待一年又一年，许多年过去了，有一年春天，院子里的一棵茶树终于开出白茶花。阿呆在白茶花树根附近挖，果然掘出一坛黄金，第二天他辞工回到故乡，成为故乡最富有的人。

卖了梦的阿土还是个穷光蛋。

这是一个日本童话，母亲常说："有很多梦是遥不可及的，但只要坚持，就可能实现。"她自己是个保守传统的乡村妇女，和一般乡村妇女没有两样，不过她鼓励我们要有梦想，并且懂得坚持，光是这一点，使我后来成为作家。

作家可能没有做官好，但对母亲是个全新的体验，成为作家的母亲，她在对乡人谈起我时，为我小时候的多灾多难、古灵精怪全找到了答案。

期待父亲的笑

做农夫，
也要做第一流的农夫

● ○ ————————

　　父亲躺在医院的加护病房里，还殷殷地叮嘱母亲不要通知在远地的我，因为他怕在台北工作的我担心他的病情。还是母亲偷偷叫弟弟来通知我，我才知道父亲住院的消息。

　　这是父亲典型的个性，他是不论什么事总是先为我们着想，至于他自己，倒是很少注意。我记得在很小的时候，有一次父亲到凤山去开会，开完会他到市场去吃了一碗肉羹，觉得是很少吃到的美味，他马上想到我们，先到市场去买了一个新锅，买了一大锅肉羹回家。当时的交通不发达，车子颠簸得厉害，回到家时肉羹已冷，且溢出了许多，我们吃的时候已经没有父亲形容的那种美味。可是我吃肉羹时心血沸腾，特别感到那肉羹是人生难得，因为那里面有父亲的爱。

　　在外人的眼中，我的父亲是粗犷豪放的汉子，只有我们做子女的知道他心里极为细腻的一面。提肉羹回家只是一端，他不管到什么地方，有好的东西一定带回给我们，所以我童年时代，父亲每次出差回来，总是我们最高兴的时候。

他对母亲也非常体贴，在记忆里，父亲总是每天清早就到市场去买菜，在家用方面也从不让母亲操心。这三十年来我们家都是由父亲上菜场，一个受过日式教育的男人，能够这样内外兼顾是很少见的。

父亲的青壮年时代虽然受过不少打击和挫折，但我从来没有看过父亲忧愁的样子。他是一个永远向前的乐观主义者，再坏的环境也不皱一下眉头，这一点深深地影响了我，我的乐观与韧性大部分得自父亲的身教。父亲也是个理想主义者，这种理想主义表现在他对生活与生命的尽力，他常说："事情总有成功和失败两面，但我们总是要往成功的那个方向走。"

他的乐观和理想主义，使他成为一个温暖如火的人，只要有他在就没有不能解决的事，就使我们对未来充满了希望。他也是个风趣的人，再坏的情况下，他也喜欢说笑，他从来不把痛苦给人，只为别人带来笑声。

小时候，父亲常带我和哥哥到田里工作，透过这些工作，启发了我们的智慧。例如我们家种竹笋，在我没有上学之前，父亲就曾仔细地教我怎么去挖竹笋，怎么看土地的裂痕，才能挖到没有出青的竹笋。二十年后，我到行山去采访笋农，曾在竹笋田里表演了一手，使得笋农大为佩服。其实我已二十年没有挖过笋，却还记得父亲教给我的方法，可见父亲的教育对我影响多么大。

也由于是农夫，父亲从小教我们农夫的本事，并且认为什么事都

我对自己的成长总抱着感恩之心，
当然这里面最重要的基础是来自于我的父亲和母亲，
他们给了我一个乐观、关怀、善良、进取的人生观。

应从农夫的观点出发。像我后来从事写作，刚开始的时候，父亲就常说："写作也像耕田一样，只要你天天下田，就没有不收成的。"他也常叫我不要写政治文章，他说："不是政治性格的人去写政治文章，就像种稻子的人去种槟榔一样，不但种不好，而且常会从槟榔树上摔下来。"他常教我多写些于人有益的文章，少批评骂人，他说："对人有益的文章是灌溉施肥，批评的文章是放火烧山；灌溉施肥是人可以控制的，放火烧山则常常失去控制，伤害生灵而不自知。"他叫我做创作者，不要做理论家，他说："创作者是农夫，理论家是农会的人。农夫只管耕耘，农会的人则为了理论常会牺牲农夫的利益。"

父亲的话中含有至理，但他生平并没有写过一篇文章。他是用农夫的观点来看文章，每次都是一语中的，意味深长。

有一回我面临了创作上的瓶颈，回乡去休息，并且把我的苦恼说给父亲听。他笑着说："你的苦恼也是我的苦恼，今年香蕉收成很差，我正在想明年还要不要种香蕉，你看，我是种好呢？还是不种好？"我说："你种了四十多年的香蕉，当然还要继续种呀！"

他说："你写了这么多年，为什么不继续呢？年景不会永远坏的。""假如每个人写文章写不出来就不写了，那么，天下还有大作家吗？"

我自以为比别的作家用功一些，主要是因为我生长在世代务农的家庭。我常想：世上没有不辛劳的农人，我是在农家长大的，为什么不能像农人那么辛劳？最好当然是像父亲一样，能终日辛劳，还能利他无我，这是我写了十几年文章时常反躬自省的。

　　母亲常说父亲是劳碌命，平日总闲不下来，一直到这几年身体差了还常往外跑，不肯待在家里好好地休息。父亲最热心于乡里的事，每回拜拜他总是拿头旗、做炉主，现在还是家乡清云寺的主任委员。他是那一种有福不肯独享、有难愿意同当的人。

　　他年轻时身强体壮，力大无穷，每天挑两百斤的香蕉来回几十趟还轻松自在。我最记得他的脚大得像船一样，两手摊开时像两个扇面。一直到我上初中的时候，他一手把我提起还像提一只小鸡。可是也是这样棒的身体害了他，他饮酒总不知节制，每次喝酒一定把桌底都摆满酒瓶才肯下桌，喝一打啤酒对他来说是小事一桩，就这样把他的身体喝垮了。

　　在六十岁以前，父亲从未进过医院，这三年来却数度住院，虽然个性还是一样乐观，身体却不像从前硬朗了。这几年来如果说我有什么事放心不下，那就是操心父亲的健康，看到父亲一天天消瘦下去，真是令人心痛难言。

　　父亲有五个孩子，这里面我和父亲相处的时间最少，原因是我离家最早，工作最远。我十五岁就离开家乡到台南求学，后来到了台北，工作也在台北，每年回家的次数非常有限。近几年结婚生子，工作更加忙碌，一年更难得回家两趟，有时颇为自己不能孝养父亲感到无限愧疚。父亲很知道我的想法，有一次他说："你在外面只要向上，做个有益社会的人，就算是有孝了。"

　　母亲和父亲一样，从来不要求我们什么，她是典型的农村妇女，一切荣耀归给丈夫，一切奉献都给子女，比起他们的伟大，我常觉得自己的渺小。

我后来从事报道文学，在各地的乡下人物里，常找到父亲和母亲的影子，他们是那样平凡、那样坚强，又那样的伟大。我后来的写作里时常引用村野百姓的话，很少引用博士学者的宏论，因为他们是用生命和生活来体验智慧，从他们身上，我看到了最伟大的情操，以及文章里最动人的素质。

我常说我是最幸福的人，这种幸福是因为我童年时代有好的双亲和家庭，我青少年时代有感情很好的兄弟姊妹；进入中年，有了好的妻子和好的朋友。我对自己的成长总抱着感恩之心，当然这里面最重要的基础是来自于我的父亲和母亲，他们给了我一个乐观、关怀、善良、进取的人生观。

我能给他们的实在太少了，这也是我常深自忏悔的。有一次我读到《佛说父母恩重难报经》，佛陀这样说：

假使有人，为于爹娘，手持利刀，割其眼睛，献于如来，经百千劫，犹不能报父母深恩。

假使有人，为于爹娘，亦以利刀，割其心肝，血流遍地，不辞痛苦，经百千劫，犹不能报父母深恩。

假使有人，为于爹娘，百千刀戟，一时刺身，于自身中，左右出入，经百千劫，犹不能报父母深恩。……

读到这里，不禁心如刀割，涕泣如雨。这一次回去看父亲的病，想到这本经书，在病床边强忍着要落下的泪，这些年来我是多么不孝，陪伴父亲的时间竟是这样的少。

母亲也是。有一位也在看护父亲的郑先生告诉我："要知道你父亲的病情，不必看你父亲就知道了，只要看你妈妈笑，就知道病情好转，看你妈妈流泪，就知道病情转坏，他们的感情真是好。"为了看顾父亲，母亲在医院的走廊打地铺，几天几夜都没能睡个好觉。父亲生病以后，她甚至还没有走出医院大门一步，人瘦了一圈，一看到她的样子，我就心疼不已。

我每天每夜向菩萨祈求，保佑父亲的病早日康健，母亲能恢复以往的笑颜。

这个世界如果真有什么罪业，如果我的父亲有什么罪业，如果我的母亲有什么罪业，十方诸佛、各大菩萨，请把他们的罪业让我来承担吧，让我来背父母亲的业吧！

但愿，但愿，但愿父亲的病早日康复。以前我在田里工作的时候，看我不会农事，他会跑过来拍我的肩说："做农夫，要做第一流的农夫；想写文章，要写第一流的文章；要做人，要做第一等的人。"然后觉得自己太严肃了，就说："如果要做流氓，也要做大尾的流氓呀！"然后父子两人相顾大笑，笑出了眼泪。

我多么怀念父亲那时的笑。

也期待再看父亲的笑。

黄昏月娘要出来的时候

人的情感如果是莲花，
就不应该有任何染着

●　○　────────

开车从大汉溪到莺歌的路上，黄昏悄悄来临了，原本澄明碧绿的山景先是被艳红的晚霞染赤，然后在山风里静静地暗淡下来，大汉溪沿岸民房的灯盏一个一个被点亮。

夏天已经到了尾声，初秋的凉风从大汉溪那头绵绵地吹送过来。

我喜欢黄昏的时候，在乡间道路上开车或散步，这时可以把速度放慢，细细品味时空的一些变化。不管是时间或空间，黄昏都是一个令人警醒的节点。在时间上，黄昏预示了一天的消失，白日在黑暗里隐遁，使我们有了被时间推迫而不能自主的悲感；在空间上，黄昏似乎使我们的空间突然缩小，我们的视野再也不能自由放怀了，那种感觉就像电影里的大远景被一下子跳接到特写一般，我们白天不在乎的广大世界，黄昏时成为片段的焦点——我们会看见橙红的落日、涌起的山岚、斑斓的彩霞、墨绿的山线、飘忽的树影，都有如定格一般。

事实上，黄昏与白天、黑夜之间并没有断开，日与夜的空间并不因黄昏而有改变，日与夜的时间也没有断落，那么，为什么黄昏会给我们这么特别的感受呢？欢喜的人看见了黄昏的优美，苦痛的人看见了黄昏的凄凉，热恋的人在黄昏下许下誓言，失恋的人则在黄昏时看见了光明绝望的沉落。

就像今天开车路过乡间的黄昏，坐在我车里的朋友都因为疲倦而沉沉睡去了，穿过麻竹防风林的晚风拍打着我的脸颊，我感觉到风的温柔、体贴与优雅，黄昏的风是多么静谧，没有一点声息。突然一轮巨大明亮的月亮从山头跳跃出来，这一轮月亮的明度与巨大，使我深深地震动，才想起今天是农历六月十八日，六月的明月是一点也不逊于中秋的。我说看见月亮的那一刻使我深深震动，一点也不夸张，因为我心里不觉地浮起两句有些忧伤的歌词：

每日黄昏月娘要出来的时候，
加添我心内的悲哀。

这两句是一首闽南语歌《望你早归》的歌词，记得它的原作曲者扬三郎先生曾经说过他作这首歌的背景，那时台湾刚刚光复。因为经历了战乱，他想到每一个家庭都有人离散在外。凡有人离散在外，就会有思念，而思念，在黄昏夜色将临时最为深沉和悠远，心里自然有更深的悲意。他于是自然地写下了这首动人的歌，我最爱的正是这两句。

心清水现月，意定天无云。

现在时代已经改变了，战乱离散的悲剧不再和从前一样，但是大家还是爱唱这首歌，原因在于，每个人的心灵深处都埋藏着远方的人呀！我觉得在人的情感之中，最动人的不一定是生死相许的誓言，也不一定是缠绵悱恻的爱恋，而是对远方的人的思念。因为，生死相许的誓言与缠绵悱恻的爱恋都会淡化、破灭，甚至在人生中完全消失，唯有思念能穿破时间空间的阻隔，在情感的水面永久开花，犹如每日黄昏时从山头升起的月亮一样。

远方的思念是情感中特别美丽的一种，可惜这个时代的人已经逐渐失去了这种情感，就好像越来越少的人能欣赏晚上的月色、秋天的白云、山间的溪流一般，人们总是想，爱就要轰轰烈烈，要情欲炽盛，要合乎时代的潮流，于是乎，爱的本质就完全地改变了。

思念的情感不是如此，它是心中有情，但眼睛犹能穿透情爱，有一个清明的观点。一如太阳在白云之中，有时我们看不见太阳，而大地仍然是非常明亮，太阳是永远存在的，一如我们所爱的人，不管他是远离、是死亡、是背弃，我们的思念永远不会失去。

佛经里告诉我们"生为情有"，意思是人因为有情才会投生到这个世界。因此凡是生活在这个世界的人，必然会有许多情缘的纠缠，这些情缘使我们在爱河中载沉载浮，使我们在爱河中沉醉迷惑，如果我们不能在情爱中维持清明的距离，就会在情与爱的推迫之下，或贪恋，或仇恨，或愚痴，或苦痛，或堕落，或无知地过着一生。

尤其是情侣的失散几乎是不可避免的必然结果了。通常，情侣失散的时候就会使我们愁苦、忧痛，甚至怀恨，但是我们必须认识到愁苦、忧痛、怀恨都不能挽救或改变失散的事实，反而增添了心里的遗憾。有时我们会感叹，为什么自己没有菩萨那样伟大的情怀，能站在超拔的海面，晴空丽日之处，来看人生中波涛汹涌如海的情爱。

其实也没有关系，假如我们不能忘情，也可以从情爱中拔起身影，有一个好的面对，这种心灵的拔起，即是以思念之情代替憾恨之念，以思念之情转换悲苦的心。思念虽有悲意，但那样的悲意是清明的，乃是认识了人生的无常和情爱不能永驻之实相对自我、对人生、对伴侣的一种悲悯之心。

释迦牟尼佛早就看清了人间有免不了的八苦，就是生、老、病、死，爱别离、怨憎会、所求不得、烦恼炽盛，这八苦的来由，归纳起来，就是一个"情"字。有情必然有苦，若能使情成为思念的流水，则苦痛会减轻，爱恨不至于使我们窒息。

我们都是薄地的凡夫，我很喜欢"凡夫"这两个字，凡夫的"凡"字中间有一颗大心，凡夫之所以永为凡夫，正是多了一颗心，这颗心有如铅锤，蒙蔽了我们自性的清明，拉坠使我们堕落，若能使凡夫之心有如黄昏时充满思念的明月，则即使有心，也是无碍了。能以思念之情来转换情爱失落败坏的人，就可以以自己为灯，做自己的归依处，纵是含悲忍泪，也不会失去自己的光明。

佛陀曾说："情感是由过去的缘分与今世的怜爱所产生，宛如莲花是由水和泥土这两样东西所孕育。"是的，过去的缘分是水，今生的怜爱是泥土，然后开出情感的莲花。

人的情感如果是莲花，就不应该有任何的染着。假如我们会思念，懂得思念，珍惜思念，我们的思念就会化成情感莲花上清明的露水，在清晨或黄昏，闪着炫目的七彩。

每日黄昏月娘要出来的时候，
加添我心内的悲哀。

我轻轻地唱起了《望你早归》这首思念之歌，想象着这流动在山林中的和风，有可能是我们思念的远方的人轻轻的呼吸，在千山万水之外，在千年万岁之后，我们的思念是一枚清楚的戳印，它让我们来

假如我们会思念、懂得思念、珍惜思念，
我们的思念就会化成情感莲花上清明的露水，
在清晨或黄昏，闪着炫目的七彩。

到这个世界，不失前世的尘缘，它让我们转入未来的时空，还带着今生的记忆。

引动我们悲意的月亮，如果我们能清明，也会使我们心中的明月在乌云密布的山水之间升起。

我想起两句偈：

心清水现月，意定天无云。

然后我踩下油门，穿过林间的小路，让风吹过，让月光触肤，心中响着夜曲一般小提琴的声音，琴声围绕中还有一盏灯火，我自问着：远方的人不知听不听得见这思念的琴声？不知看不看得见这光明的灯盏？

你呢？你听见了吗？你看见了吗？

我唯一的松鼠

欢喜与哀伤是一种沧桑，
我们都是活在沧桑里的

● ○ ————————

　　我拥有的第一只动物是一只小松鼠，那是小学一年级的事了。小学一年级，我家住在乡间，有一日从学校回家，在路边捡到一只瘦弱颤抖的小松鼠，身上的毛还未长全，一双惊惧的刚张开的眼睛转来转去。我把它捧在手上，拼命跑回家，好像捡到什么宝物，一路跑的时候还能感觉到松鼠的体温。

　　回家后，我找到一节粗大的竹筒剖成两半，铺上破布，做了小松鼠的窝，可是它的食物却使我们全家都感到紧张。那时牛奶还不普遍，经过妈妈的建议，我在三餐煮饭的时候从上面捞取一些米汤，用撕破的面粉袋子沾给它吃。饥饿的松鼠紧紧吸吮着米汤，使我们都安心了。

　　慢慢地，那只松鼠长出光亮的棕色细毛，也能一扭一扭地爬行。每天为它准备食物成为我生活里最快乐的事。幸好我们住在乡间，家里还有果园，我时常去采摘熟透的木瓜、番石榴、香蕉，小心捣碎来喂我的松鼠。它的快速长大从尾巴最能看出来，原来无毛细瘦的尾巴、走起路来拖在地上的尾巴，慢慢丰满起来，长满松松的毛，还高傲地翘着。

从爬行、跑动到跳跃，竟如同瞬间的事，一个学期还未过完，松鼠已经完全成长为一个翩翩少年了。

小松鼠仿佛记得我的救命之恩，非常乖巧听话。白天我去上学的时候，它自己跑到园里去觅食，黄昏的时候就回到家来躲在自己的窝里。夜里我做功课的时候，松鼠就在桌子旁边绕来绕去，这边跳那边跑，有时还跑来磨蹭人的脚掌。妈妈常说："这只松鼠一点都不像松鼠，真像一只猫哩！"小松鼠的乖巧赢得了全家的喜爱。

有时候我早回家，只要在园子里吹几声口哨，它就像一阵风从园子里不知名的角落蹿出来，蹲在我的肩膀上，转着滴溜溜的眼睛，然后我们就在园子里玩着永不厌倦的追逐游戏。松鼠跑起来姿势真是美，高高竖起的尾巴像一面迎风招展的旗子，那面旗跑在泥地上像一阵烟，转眼飞逝。

自从家里养了松鼠，老鼠也减少了，那是我第一次知道松鼠还会打老鼠。夜里它绕着房子蹦跳，可能老鼠也分不清它是什么动物，只好到别处去觅食了。

我家原来养了许多动物，有七八条猎狗土狗，是经常跟随爸爸去打猎的；有十几只猫，每天都在庭院里玩耍。这些动物大部分来路不明。由于我家是个大家庭，日常残羹剩菜很多，除了养猪，妈妈常常把几个大盆放在院子里，喂食那些流落乡野的猫狗，日久以后，许多猫狗都留了下来；有比较好的狗，爸爸挑出来训练它们捉野兔打山猪的本事，这些野狗们都有一份情，它们往往能成为比名种狗更好的猎犬，因为它们不挑食，对生命的留恋也不如名种狗，在打猎时往往能义无反顾，一往直前。

但是这些猫狗向来是不进屋的，它们的天地就是屋外广大的原野，夜里就在屋檐下各自找安睡的地方，清晨才从各角落冒出来。自从小松鼠来了以后，它成了唯一睡在屋里的动物，又懂事可爱，得到家人的很多宠爱。原先我们还担心有那么多猫狗，松鼠的安全堪忧，后来才发现这种担心完全是不必要的，小松鼠和猫狗玩得很好。我想，只要居住在一个无边的广大空间，连动物也能有无私的心。

有趣的是，小松鼠好像在冥冥之中知道我是捡它回来的人，与我特别亲密，他虽然与哥哥弟弟保持良好的关系，但也仅止于召唤，从来不肯跳到他们身上，却常常在我做功课的时候就蹲在我的腿上睡着了。有时候我带松鼠到学校去，把它放在书包里，头尾从两边伸出，它也一点都不惊慌。

松鼠与我的情感使我刚上学的时候有一段有声音有色彩、明亮跳跃的时光。同学们都以为这只松鼠受过特别的训练，其实不然，它只是从路边捡来被养大而已。我成年以后回想起来才知道，如果松鼠有过训练，唯一的训练内容就是儿童般最无私最干净的爱。

隔年冬天的一个晚上，我吃过晚饭，像往日一样回到书房做功课，为了赶写第二天大量的作业，还特意削尖了所有的铅笔。松鼠如

人与动物、人与人之间有一种不能测知的命运，
完全不知何解地推动我们前行，使我们一程一程地历经欢喜与哀伤，
而从远景上看，欢喜与哀伤都是一种沧桑，我们是活在沧桑里的。

同往日，跳到我的毛衣里取暖，然后在书桌边绕来绕去玩一只小皮球。我的作业太多，写到深夜还不能写完，就伏在桌子上睡着了。

被夜凉冻醒的时候，我被眼前的影像吓呆了，放声痛哭。我心爱的松鼠不知何时已死在我削尖倒竖拿在手中的铅笔上，那支铅笔笔直刺入松鼠的肚子，鲜血流满了我的整只右手，甚至溅满笔记本。血迹已经干了，松鼠冰凉的身体也没有了体温。我到现在还清楚记得那一幅令人惊悸的影像，甚至连我写的作业也清楚记得。

那一天老师规定我们每个人写自己的名字两百遍，我的笔记本上密密麻麻写着自己的名字，而松鼠的血则滴滴溅在我的名字上，那一刻我说不出有多么痛恨自己的作业，痛恨铅笔，痛恨自己的名字，甚至痛恨出作业的老师。我想，如果没有他们，我心爱的松鼠就不会死了。

我惊吓哀痛的哭声吵醒了明日到农田上工而早睡的父母，妈妈看到这幅影像也禁不住流下泪来，我扑在妈妈怀里时还紧紧地抱住那只松鼠。我第一次养的动物，真正属于我自己的动物，就这样一夜间死了。死得何其之速，死得何等凄惨，如今我回想起来，心里还会升起一股痛伤的抽动。如果说我懂得人间有哀伤，知道人世有死别，第一次最浓烈的滋味，是松鼠用它的生命给了我的。我至今想不通松鼠为何会那样死去，一定是它怕我写不完作业来叫醒我，而一跳就跳到铅笔上——当时我确实是这样想的。

我把死去的松鼠用溅了它的血的毛衣包裹，还把刺死它的铅笔放在一边，在屋后的蕉园掘了一个小小坟墓埋葬。做好新坟的时候，我站在旁边默默地流泪，那时也是我第一次知道，所有的物件与躯壳都可以埋葬，唯有情感是无法埋葬的，它如同松鼠的精魂，永远活着。

后来我也养过许多松鼠，总是养大以后就了无踪影，毫不眷恋主人，偶有一两只肯回家的，也不听使唤，和人也没有什么情感。

每遇这种情况，我就疑惑，在那么广大的世界里，为什么偏有一只那么不同的、充满了爱的松鼠会被我捡拾，和我共度一段美好的时光呢？莫非这个世界在冥冥之中真有什么特别的安排，使我们与动物也有一种奇特的缘分？

猫狗当然不用说了，在我成长的过程中，我养过老鹰、兔子、穿山甲、野斑鸠、麻雀、白头翁，甚至也养过一头小山猪、一只野猴，但没有一只动物能像第一只松鼠那样与我亲近，也再没有一只动物像松鼠是被我捡拾、救活，而在我的手中死亡的。

松鼠的死给我的童年投下一条长长的暗影，日后也常从暗影走出来使我莫名忧伤。经过二十几年了，我才确信人与动物、人与人之间有一种不能测知的命运，完全不知何解地推动我们前行，使我们一程一程地历经欢喜与哀伤，而从远景上看，欢喜与哀伤都是一种沧桑，我们是活在沧桑里的。就像如今我写松鼠的时候，心里既温暖又痛心，手里好像还染着它的血，那血甚至烙印在我写得满满的名字上，永世也不能洗清。它是我生命里唯一的动物，永远在启示我的爱与忧伤。

以自己为灯

自由是对自我的开发

● ○ ───────────

1

天台宗祖师智者大师有一天问师父慧思"一心具万行"之意。

慧思说："汝向所疑，此乃大品次第意耳，未是法华圆顿旨也，吾者夏中苦节思此，后夜一念顿发，吾即身证，不劳致疑。"

这是说明了"实践"的重要性，如果没有通过实践，有很多问题光靠思索是不能解答的，所以，禅里常讲"无心"，禅不是思想，但它创造出无限的思想与文化，这种无限的创造，正是来自"无心"，来自"一念顿发"。

盛期的禅，在中国（甚至邻近的日本）无论文学、书法、绘画、雕刻、建筑、庭园都受到禅的影响，有辉煌光华的风格，但这不是文化里有禅，而是禅创造了文化。

2

十一世纪，大慧宗杲禅师当众烧掉了禅宗重要的经典《碧岩录》，就是对禅的一种新的反思。

禅师烧《碧岩录》时，是要烧掉形式的禅，希望大家重新重视实践的重要。光有形式的禅，是死气沉沉的，唯有通过实践，禅才是生气勃勃的。

3

形式之弊，从现代人对公案的态度就知道了，大部分人都抱着对公案的兴趣，甚至把公案背得烂熟，但是知道许多公案的人却懒得静下心来，坐一炷香。

许多人也批评公案，认为宋朝以后禅风不振，是由于公案堕落于形式之弊。事实上，公案如何会堕落呢？人才会堕落呀！公案是来开发人的悟、人的禅心，公案流于形式并不是失去开发的功能，而是人的悟、人的禅心在时空中堕落了。

我们要珍视公案，也要活用公案，要在形式上，开出人的悟、人的禅心。

4

不实践的佛教，就像研究药方不吃药，不能治自己的病。对病人而言，吃药比研究药方重要得多。

不实践的佛教，就像未经开采的金矿，纵使研究出它的含金量，矿山仍与泥土无异。对金矿而言，只有开采、提炼，才会找到黄金。

不实践的佛教，犹如未经点燃的灯，虽有灯相，却无灯的功能。未经点燃的灯与无灯无异，对一盏灯而言，只有在光明能照亮世界时才有意义。

不实践的佛教，犹如未经阅读的书，未曾开放的花朵，未曾走过的路，没有航行的船……不能展现真实的意义。

5

禅师说："青青翠竹尽是法身，郁郁黄花无非般若。"

这不是说翠竹黄花都有佛性，而是说我们要打破十方三世的一切差别与隔阂，不迷执于有情或无情，才能见到佛性。

天台九祖湛然大师说："万法是真如，由不变故。真如是万法，由随缘故。子信无情无佛性者，岂非万法无真如耶？"

但这是说翠竹黄花、草木瓦石都在法身之内，而不是说翠竹黄花、草木瓦石可以成佛。

因为佛性有一个非常重要的东西，就是智慧性。

6

很多信佛的人喜欢讲视野与感应，不信佛的人更爱讲。

其实，平安就是感应，知错就是感应。每一餐都有的吃，吃了都能消化；每一天能感恩地睡去，在阳光中醒来，都是感应。

比以前慈悲就是神通，比以前智慧就是神通。今天比昨天更能律己，今天比昨天更宽以待人，都是神通。

看到院子里的桔梗花开了，闻到深夜从远方飘来的桂花香，听见山上幽远的钟声，无一不是感应。

白云飘过了青天仍在，闪电过后就有雷声，下雨后的黄昏就会有雾，到处都有神通。

7

般若智慧是最大的感应、最大的神通。

般若智慧是平凡而深远的，它应该超越一切神秘或迷信的色彩。而一般的神通都有神秘因素，一般的感应则有迷信气息。

若说神通的力量有如瀑布，感应有如浪涛，那么般若智慧则是大海，是水性，它只包容而不排斥，它涵摄一切价值而不为价值所羁累。

8

日本的禅学大师铃木大拙非常强调禅的"自由"与英语中的Liberty 与 Freedom 有很大的不同。可惜现代的人只认识西洋人所说的自由，不认识禅的自由。

禅的自由，代表了人的自在——自己内在的空明状态。西方的Liberty 或 Freedom 则是"他在"——从他方或外在的压制中得到解放。

禅的自由，是自我的开发，没有一个可对抗的他方。

西方说的自由，是政治社会的关系，不强调内在发展。

禅的自由，是绝对的主体。

西方的自由，是相对的秩序。

但现代禅者不应该把禅与西方的自由分离，而是要开发"自由"更深奥的意义，加强自由积极的、自立的、本具的、自动的、创造的观念。

9

如果一个人只会引用佛菩萨说的话，自己不悟，就好像只会数佛菩萨的珍宝，自己没有半文钱。

如果一个人只会引用祖师的公案，自己不开启，就好像只会说祖先美丽的花园和壮美的河山，自己没有一块地。

习禅的人要以祖师为灯，也要以自己为灯。

念佛的人要以佛菩萨为归依，也要做自己的归依处。

佛道，就是究明自己之道。

学佛的人应把远程目标定在成佛，近程目标则是要解决自己人生的根本疑问。

白云飘过了青天仍在，闪电过后就有雷声，
一下雨的黄昏就会有雾，到处都有神通。

好的小孩教不坏

如果是钻石，
不管怎么包装，都是耀眼的

●　○　————————

　　有一回去参加有关青少年问题的座谈会，与会的专家都大谈教育问题，最后轮到我发言，我说关于教育我的看法很简单，只有两句话，第一句话是"好的小孩教不坏"，第二句话是"坏的小孩教不好"。

　　与会的人都大感惊诧，因为既然是这样，教育就无用了，还需要教育干什么呢？

　　这两句话并不是否定教育的功能，而是说通过教育所能做的事实在非常有限，这个观点是我从佛教的观点出发得出的，因为从因果律上看，每一个孩子投生到这世界就好像是一粒种子，种子虽小，却一切都具足了。

　　假如这一粒是榕树的种子，那么就要以榕树的特质来帮助种子的成长，但是不管多么努力照顾，榕树的可能性是：一，变成大榕树。二，变成小榕树。三，根本不发芽成长。纵使用尽一切资源，也不可能使榕树的种子成为松树，或成为现在最昂贵的红豆杉。

　　教育可以做的范围大概如此，即使再天才的教育家也不应该渴望把榕树变成松树，比较不幸的是，我们目前的教育，似乎都是在努力着，希望每一个小孩子都成为红豆杉，于是耗神费力地做改变种子特质的工作，这是因为大家都相信红豆杉才是最有价值的。其实，国宝级的红豆杉固然可以做雕刻、做家具，平凡的榕树又何尝不能成为风景，不能让人在庙前乘凉呢？教育，是在使一棵红豆杉长成好的红豆杉，尽其所用；也在使一棵榕树成长为好榕树，不负其质。如果教育是使红豆杉变成榕树，或榕树长得像红豆杉，那就完全错了。

　　齐头式的教育，将会使许多红豆杉或榕树不能长成他们本质的样子。只有立足点平等的教育，使草木自己成长，每个人的本质才都得以发挥。

　　我主张"好的小孩教不坏，坏的小孩教不好"的第二个原因，是认为教育最要紧的是唤起人内在的渴望，而不在于填塞了什么内容。一个小孩子如果内在的渴望被唤起，真正想为这渴望去努力，他就不容易变坏了。这渴望，就是我们幼年时代常常写作文的"我的志愿"，那志愿如果不是口号，而是了解自我本质后的确立，渴望就产生了。

　　举例来说，像舞蹈家林怀民、音乐家李泰祥、电影导演侯孝贤、剧场导演赖声川、雕刻家朱铭，这些充满创造力的人物，他们所受的教育并不是什么成为艺术家的环境，由于他们的成就动机（也就是渴望），他们走上了自我教育，就比较容易成功。

智慧比知识重要，一个孩子若有健全的人格，
而且有生活的智慧，不仅他自己会过得平安快乐，
也会成为社会的正面因素。

反之，一个孩子的内在渴望没有被唤醒，可能造成两个极端，一是庸庸碌碌终其一生，一是充满反社会的倾向。这就像我们不管土质，把芋仔、番薯、稻子、西瓜、松树全种在一片地上，有的不会结果（庸庸碌碌），有的会破坏水土，甚至伤害别种作物的生存空间（反社会）。其实，教育的原理由大自然的培育与生态中间就可以看见相通的道理。

"好的小孩子教不坏，坏的小孩子教不好"的第三个原因，是身教重于言教，我们要孩子有好的本质，必须自己先有好的本质，这样孩子就不至因环境的关系走上岔路。

这道理很简单，就像小的孔雀一定要养在孔雀群中，它才会知道如何学习开屏，做一只美丽的孔雀，若把孔雀养在鸡群中，孔雀到后来就会像一只鸡一样，孟母三迁的道理就在于此。

因此在理论上，一个生长在大学校园的孩子，会比生长在风月场所的孩子容易有好的本质。

把这种身教重于言教的说法，用现代一点的语言来说，就是"典型的确立"，或"偶像的确立"，我们的孩子从小如果有好的典型或偶像，那么纵使没有提供足够的教育资源，他依然有成就动机，成功的可能性就大得多。我自己的成长环境就没有提供成为作家的资源，但由于小时候的偶像都是诗人作家，也就自然地走向作家之路。

我们大致上都会同意，关于教育，人格比学问重要，智慧比知识重要，一个孩子若有健全的人格，而且有生活的智慧，不仅他自己会过得平安快乐，也会成为社会的正面因素。如果我们教了许多有学问、有知识的人，却人格不健全，生活"贫血"，那么是整个教育界、整个社会的悲哀。

天下太平的线索，就是每一个人都确立了生命的好品质，可叹的是，这个社会愈来愈重视包装而忽视品质了，"好的小孩教不坏，坏的小孩教不好"的结论是，如果钻石被琢磨出来了，不管怎么包装，依然都是耀眼的。

不知最亲切

用单纯之心来面对生命

● ○ ──────────

　　有时候出去旅行，一两个月的时间没有看电视，没有听广播，也没有读报纸，几乎对天下大事一无所知，只是心境纯明地过单纯的生活。很奇怪的是，这样的生活我不但不觉得有所欠缺，反而觉得像洗过一个干净的澡，观照到自我心灵的丰富。

　　住在乡间的时候也是如此，除了随身带的几本书，与一般俗世的资讯都切断了线，每天只是吃饭、睡觉、散步、沉思，也不觉得有所缺乏。偶尔到台北一趟，听到朋友说起尘寰近事，总是听得目瞪口呆，简直难以相信，原来这个世界还有那么多纷扰的人和事。

　　想起从前在新闻界服务的时候，腰带上系着无线电呼叫器，不管是任何时地，它总会恣情纵意地呼叫，有时是在沐浴，有时是在睡觉，还有的时候是与朋友在喝下午茶，呼叫器就响了。那意味着在某地又发生了事故，有某些人受到伤害或死亡，有的是千里之外的国家发生暴乱，有的是几条街外有了凶案，每次当我开车赶赴现场的时候，就会在心里嘀咕："这些人、这些事，究竟与我有什么相干呢？"

由于工作的关系，我差不多整天都随着世界旋转，每天要看七八份报纸，每月要看十几份杂志，每晚要看电视新闻，即使开车的时候也总是把频率调到新闻的播报，生怕错过任何一条新闻，唯恐天下有一件我不知道的事。然后在生活里深深地受到影响，脑子里想的是新闻，与人聊天也总爱引用新闻题材，甚至夜里做的梦也与新闻有关系。

好像除了随这世界转动，我自己就没有什么好说、好想、好反省的东西了。

现在想起来，过去追随世界转动的生活真像一场噩梦，仿佛旋转的陀螺，因为转得很快，竟看不出那陀螺的颜色与形状。

用单纯之心来面对生命

这个世界有多少暴乱，呈现在资讯上的暴乱就有多少，我们每天渴求着资讯，把许多生命投注在暴乱而泛滥的讯息上，就好像自己的意识亲历这样的暴乱与染着，由于投在旋转的浊流中，自我也就清明不起来了。

自从离开新闻工作以后，我就试着让自己从那许多旋转着，甚至被制造出来的事件里解脱出来。尤其是报纸改成六张以后，我更试着不订阅报纸了，把从前每天早晨花在新闻上面的一两个小时节省下

断离充耳盈目的资讯，就会得到一种感性的平安。

来，用来静思观照自己的内在。电视新闻也尽量节制，一天只看一次，夜里宁可读一些有益身心的书籍。收音机的新闻也不听了，听一些轻松的音乐，以便可以专心地思考。杂志呢，则放弃那些追逐新闻内幕的周刊，只读少数经过严格制作的月刊。

经过长期的试验，我发现自己竟然在生活中多出了许多时间，并且有机会做更多关于生命智慧的深思了。有很多时候，我甚至忘记了世界上有新闻这一回事，然后，在言谈的时候、思想的时候，由于断离了新闻那浮泛的知见，得到一种感性的平安，感觉到自己在说的话是由心田中自然地流露，而不再是某某事如何、某某人怎么样的是非论断了。

这种能用单纯之心来面对生命的态度，常使我有一种从未有过的欣悦之情。

当然，这并不表示我是反对资讯的，对于许多把青春投注在资讯上的采集传播的朋友，我依然心存敬佩，只是我感觉到现代人把太多宝贵的时光用在那多如牛毛的讯息上，确实是生命的浪费。在每天充耳盈目的资讯里，大部分都是"坏铜旧锡"，对一个人的生命或人格的成长是没多大益处的，有时候还不如乡间遥远的鸡犬的叫声。

生活在现代世界是无可如何的事，我们不能把耳朵塞起来，眼睛蒙住，所以对世界也不能完全无知无感。每天花在资讯上的时间千万不要超过一个小时，因为"一寸时光，就是一寸命光"。

以报纸为例，宁可选择张数少的报纸，每天大略地读读也就够了，若要细细阅读，百寸命光也不够用。这样想时，我就觉得田园作家大卫·梭罗说的"你应该选择对你有益的读物，因为你没有时间阅读其他的"是真知灼见，值得细细思量。

如果我们花很多时间注视外面世界的转动，哪里有时间回观内在的世界呢？

如果我们花很多精神分散在许多混乱零碎的资讯上，又哪里有专注的精神来看待自我的历练呢？

在雾里生活

真正活在雾里的可能不是明星，
而是记者

● ○ ————————

儿子带着一张报纸冲进来说："爸爸，听说林青霞也有暗恋的人呢！"接着他读了报纸的一段记载："林青霞表示和秦汉是很要好的朋友，可能是一辈子的朋友，但不一定会结婚，言下之意林青霞的婚姻也可能生变。"

"林青霞暗恋的对象是谁呢？"我问道。

"报纸上说她欲言又止，说现在还不宜公开。"儿子说。

儿子把报纸递给我看，这一则新闻是报纸头版的大新闻，后面括号内的文字写着详情请见第 × 版，翻过去竟然有整整半个版，隔版有一个半版的广告，原来是林青霞的新片要上演了，记者硬是制造出来的新闻。这在大人眼中不足为奇，对小孩子可就是奇事了。

"爸，为什么每次有电影要上演，电影明星就会谈恋爱呢？"

"哦，那不是电影明星在谈恋爱，而是电影公司和记者在谈恋爱，广告商和报纸在谈恋爱，因为那些都是广告呢！如果不这样，你们这些傻瓜怎么会去看电影？不只是电影，电视剧要推出前，就有电视演员会谈恋爱，甚至自杀或出车祸获救。自杀的原因可能是演戏的压力太大，过于投入的关系；车祸的原因可能是日夜拍戏，用心过度的关系。可见那电视剧有多么高难度、多么好看了。唱片要推出前，通常就是歌星抛弃男朋友或被男朋友抛弃，原因是为了把歌唱好，几个月没有和男友见面了，可见牺牲有多大，当然，那歌一定是好听的了。"我向孩子解释了影视界的做广告的方法。

孩子说："爸，您怎么会这么清楚？"

"别忘了，爸爸以前是新闻记者哩！"

"我懂了！"然后，孩子就跑出去玩了。

我坐在书桌前面。

广告或广告表现手法在这个时代、这个社会是必要的，可是如果媒体传播成为广告的附庸，那实在是非常可悲的事。因为一般媒体上的广告是以广告形式出现的，阅听者还可以理性地选择，可是当媒体成为广告的附庸，记者为广告公司设计文案，往往使阅听者心里没有防线，"广告新闻化"，媒体的公信力和记者的公正形象，久而久之就被破坏无遗了。

特别是在这样的时代，广告不再是"广而告之"，通常是夸大而煽情的，再夹着强大的"利益输送"和"议价空间"，媒体如果不能善尽良知做好把关的工作，就会像丢在信箱的广告纸，没人要看了。

以演艺人员为例，如果我们想通过媒体了解他们，会觉得他们是生活在雾里的人，或者说是外星球的人。他们喜欢穿比基尼泳装，却很少有人会游泳；他们追逐名车豪宅，不是这个买了新车，就是那个在装修新家；他们都养宠物，比谁的宠物名贵；他们都谈很多次恋爱，情人却十分秘密；他们都在不断地换衣服，听说有人一辈子天天穿不同的衣服……为什么媒体传达的是这种形象呢？这就是"新闻广告化"的结果。

有时候想来，记者若不能脱离广告，实在是可悯的。

例如梁家辉和珍·玛奇演了一部《情人》，床戏很多，甚为逼真。

电影上演前，记者用半个版推测哪些床戏都是真的。

电影上演中，记者再用半个版讨论床戏可能是真的，可能是假的。

电影下档前，记者又用全版报道梁家辉郑重否认床戏是真的，因为他是很重视自己家庭的人。

电影终于下档了，记者还是以半个版刊登法国少女珍·玛奇的证言，她说："我对梁家辉没有情欲，怎么可能来真的？"

哇，读这种报纸还可以神志清明，足可媲美爱因斯坦的智慧了。

真正活在雾里的可能不是明星，而是记者。

唯有清明的心，才能使人体验到什么是真实的美。

唯有不断地觉悟，才体验到深刻、广大、雄浑的美。也唯有无上正觉的人，才能迈向生命的大美、至美、完美与绝美呀！

穿越尘世

唯有不执着，才能体验到更深刻的美

陆

CHAPTER
SIX

猫空半日

一壶茶是从生活的温暖与真实中泡出来的

●　○　───────────

坐在茶农张铭财家的祖厅兼客厅兼烘茶叶的茶坊里，我们喝着上好的铁观音，听着外面狂乱的风雨，黄昏蒙蒙，真让人感觉这一天像梦一样。

我们坐在这个临着悬崖的地方，有一个非常奇特的名字"猫空"，从门口望出去，站在家屋前的那棵巨大的樟树，据说已有一百多年的历史了。

左边有两棵长得极像莲雾树的树，名字叫"香果树"，在风雨中落了一地。风雨虽大，并且阵阵扑向窗隙，但房中的茶香比风雨更盛，那是昨夜烘焙好的一笼铁观音还在炉子上，冒着热气，铁观音特殊的沉厚之香，浓浓地从炉子上流出来。

"猫空，真是奇怪的名字！"我说。

张铭财听了笑着说："我也觉得奇怪，但如果你用闽南语发音就不怪了，空就是洞，这是猫洞。为什么叫猫洞呢？因为三面屏障，只留下一个小通口，让猫进出，所以叫猫洞。你看外面风雨这样大，其实不用担心，吹不进猫洞的。"

"怎么确定吹不进来呢？"

"因为，我们家在这里，从我祖父开始，已经住了快一百年了，"张铭财得意地说，"我家的地理位置是很棒的，从风水上说，我家的地方是美人座，对面的指南山背是铜镜台，这在风水上叫'美人对镜'。"

我们顺他的眼光望去，正看到指南山的翠绿向两边开展出去，中间隔着一个幽深的谷口。

张铭财是在猫空这间老厝出生的，他说他从四岁就开始到茶园去采茶了，和茶结下不解之缘。如今他家墙上挂着的满满的茶赛得来的奖状，是他三十多年努力的成绩。

我们翻开台湾茶叶的历史，找到"铁观音"的条目，上面这样写着：

相传"铁观音茶"名称之由来，系清乾隆年间，福建安溪魏氏在一观音寺的山岩发现一棵茶树，认为是观音菩萨所赐，几经移植繁殖，由于叶片厚重制成的茶叶色泽如铁，而称之为"铁观音"。清光绪二十二年（1896 年）张乃妙、张乃乾兄弟由安溪携铁观音茶苗十二株在木栅樟湖（今指南里一带）种植，逐渐繁殖，当地茶园面积达七十公顷。是全台正宗铁观凌晨茶产地。

张铭财正是张乃妙、张乃乾兄弟的后人，而在这个山谷里，种铁

有时候，我们喝一壶茶，知道某种联想、某种韵律，
是从生活的温暖与真实冲泡出来，那么不仅是茶，
连人情世界都是蜜绿澄清，香醇甘怡独特的韵味了。

观音维生的也都是姓张的，屈指一算，有近百年的历史。张铭财家最早的祖厅现在还屹立着，红瓦砖墙，十分优美，他说那是福建安溪先人亲手盖成的。

正言谈间，我们看外面的风势渐渐大起来，黄昏渐渐深了，想起立告辞，张铭财却说："再坐一下嘛，山里没什么好东西招待你们，只有茶，这茶是我妈妈一叶一叶摘的，是我炒的，我太太泡的，你们不喝光就走，真是太可惜了。"

我们只好把风雨暂时在心底封藏真正用心地品起铁观音的滋味，这铁观音真是与我平常所喝的茶大有不同，可能是刚烘焙出来，也可能是主人的热情，使我们不仅喝出了那深厚的香醇，也品到了山香云气，再加上张太太冲茶的方法独特，这铁观音的香气直冲云霄，把我日常喜爱的冻顶茶与武夷茶远远抛在后面了。

在厚实的饭桌上喝茶，使我思及今天奇特的缘分。昨夜新闻刚发布了佩姬台风将在今天登陆的警报，清晨，一位疯狂的朋友打电话来说："到山上去喝茶，看风雨吧？"

"下午有台风呀！"

"台风晚上八点才登陆，紧张什么？"

"什么山呢？"

朋友说，在木栅指南山有一个开放的茶园，市农会在山上盖了一栋木造的现代建筑，临着高高的窗口，可以看到整个绿茸茸的山谷。"并且，那里有着上好的铁观音与包种茶，保证不虚此行。"

我们便沿着指南山路开始往山上开去，一入山，才发现这一整片山除了林木，就是茶园。茶园虽然没有什么变化，但只要想到它的芳香，那每片茶叶都美丽了起来。走过了樟山寺，佩姬便开始浪漫地摇摆起来了。

一路上走走停停，绕过瓦厝、樟湖，时常有动人的景象出现。尤其到了樟湖的坳口附近，同时有三条彩虹出现，天上一道，山谷里也有两道，在糅和着雨丝与阳光的午后，有一种出尘之美。朋友说："看到这三条彩虹，冒再大的风雨也值得了吧？"我只有黯然同意。

等我们到达传闻中美丽的建筑，才知道这栋外表全以红砖建造，内部由木头构成的楼房名称是"台北市铁观音、包种茶展示中心"，名字虽然俗气，内部倒是十分雅致，它背山面谷，一望无际。我想，在这样的地方喝茶，不管什么茶都会好上三分。

可惜福缘不够，这茶中心已经打烊了，我们虽然一再拜托，但中心的人因为要赶着下山，便不能招待我们了。这时走过来一位年轻帅气的青年，热情地说："你们要喝茶，请到我们家来吧！"

这位青年就是眼前的张铭财。

他把我们带回家的时候，他的母亲和妻子并不感到意外，那是因为他时常带人回家喝茶，在他家的前庭还盖了一个露天饮茶的石桌椅，可惜风太大，使我们不能在户外喝茶。

张铭财对他自己所种的茶叶有十足的信心，他说自己在茶树中长大，由于住在深山之中，对物质早已没什么欲望，他最大的理想是研究茶的品种与种茶技术，希望能种出更好的茶来。

"做出更好的茶，实在是一个茶农小小的心愿呀！"他看着窗外，谈起了他回到茶乡后的一些心情。

张铭财退伍的时候很可能在平地发展，但最后他还是选择回到家乡，那时他找了一位贤淑的妻子，她为了鼓励他继续往茶方面发展，同意随他搬到山上，才使他更安心地在山上种茶。他现在是木栅观光茶园的示范户，平时又要去茶中心上班，生活过得非常惬意。

张太太说刚住到山上来有些不习惯，日子久了，习于山上平静的生活，也懒得下山了。他们有两个小孩，都是活泼可爱的，这样的风雨天里还在屋前的茶园玩耍，我想着：这会不会又是铁观音的新一代呢？

天色已暗，我们才有点不舍地告辞出来，张铭财的母亲赶紧跑进屋内，提一袋她早上才从竹笋田中挖来的竹笋，说："山里没有什么好招待你们，带点竹笋回去吧！"情不容辞，我摸摸竹笋，感觉到一种山上人家特有的温暖，这才是人的真实，只是我们久为红尘所扰，失去了这种真实吧！

回到家里，我打开随手在茶展示中心拿的简介，上面有两段描述茶的味道的句子，很有意思："铁观音，形状半球紧结，冲泡之茶汤水色蜜绿澄清，香醇有独特之喉韵。"

"包种茶，形状条索整齐，冲泡之茶汤水色蜜黄澄清，甘怡有清雅之花香味。"

有时候，我们喝一壶茶，知道某种联想、某种韵律，是从生活的温暖与真实中冲泡出来，那么不仅是茶，连人情世界都是蜜绿澄清，香醇甘怡独特的韵味了。

活出美感

要发财三辈子，才懂得生活

● ○ ───────

　　有一天，我和一位朋友约在茶艺馆喝茶，那家茶艺馆是复古形式的，布置得美轮美奂，里面有些特别引起我注意的东西，在偌大的墙上挂着老式农村的牛车轮，由于岁月的侵蚀，那由整块木板劈成的车轮中间裂了两道深浅不一的裂缝，裂缝在那纯白的墙上显得格外有一种沧桑之美。

　　从前我没有告诉过你，我的祖父林旺在我们故乡曾经经营过一座牛车场，他曾拥有过三十几辆牛车，时常租给人运载货物，就有一点像现在的货运公司一样。我那从未见过面的祖父就是赶牛车白手起家的，后来买几块薄田才转业成农夫。据我父亲说，祖父的三十几辆牛车车轮就是这种还没有轮轴的，所以看到这车轮就使我想起祖父和他的时代，我只见过他的画像，他非常精瘦，就如同今日我们在台湾乡下所见的老者一样，他脸上风霜的线条仿佛是我眼前牛车的裂痕，有一种沧桑的刚毅之美。

这一点土卖二十元吗？

茶艺馆的桌椅是台湾农村早年的民艺品，古色古香，有如老家厅堂里的桌椅，还有橱柜也是，真不知道他们如何找到这么多早期民间的东西，这些从前我们生活的必需品，现在都成为珍奇的艺术品了，听说价钱还蛮昂贵的。

在另一面的墙角，摆着锄头、扁担、斗笠、蓑衣、畚箕、箩筐等一些日常下田的用品，都已经是旧了，它们聚集在一起，以精白灿亮的聚光灯投射，在明暗的实物与影子中，确实有非常非常之美——就好像照在我们老家的墙角，因为在瓦屋泥土地上摆的也正是这些东西。

我忽然想起父亲在田间的背影，父亲年轻时和祖父一起经营牛车场，后来祖父落地生根，父亲也成为地道的农夫了，他在农田土地上艰苦种作，与风雨水土挣扎搏斗，才养育我们成人。父亲在生前每一两个月就戴坏一顶斗笠，他的一生恐怕戴坏数百顶斗笠了，当然那顶茶艺馆的斗笠比父亲从前戴用的要精致得多，而且也不像父亲的斗笠曝过烈日染过汗水。

坐在茶艺馆等待朋友，想起这些，突然有一点茫然了，我的祖父一定没有想到当时跑在粗糙田路的牛车轮会像神明似的被供奉着，父亲当然也不会知道他的生活用具会被当艺术品展示，因为他们的时代过去了，他们在这土地上奉献了一生的精力，离开了世间。他们生前没有受过什么教育，不知道欣赏艺术，也没有机会参与文化的一切，在他们的时代里只追求温饱，没有灾害，平安地过日子。

亮亮，记得我对你说过，我父亲到台北花市，看到一袋泥土卖二十元的情况吗？他掂掂泥土的重量，嘴巴张得很大："这一点土卖二十元吗？"在那个时候，晚年的父亲才感觉到他们的时代已经过去了。

是的，我看到那车轮、斗笠被神圣地供奉时，也感叹不但祖父和父亲的时代过去了，我们的时代也在转变中，想想看，我在乡下也戴过十几年斗笠，今后可能再也不会戴了。

发财三辈子，才懂得生活

朋友因为台北东区惯常的塞车而迟到了，我告诉他看到车轮与斗笠的感想，朋友是外省人，但他也深有同感。他说在他们安徽有句土话说："要发财三辈子，才知道穿衣吃饭。"意思是前两代的人吃饭只求饱腹，衣着只求蔽体，其他就别无要求，要到第三代的人才知道讲究衣食的精致与品位，这时才有一点点精神的层面出来。其实，这里说的"穿衣吃饭"指的是"生活"，是说："要发财三辈子，才懂得生活。"

朋友提到我们上两代的中国人，很感慨地说："我们祖父与父亲的时代，人们都还活在动物的层次上，在他们的年代只能求活命，像

我们不要在酒桶里消磨我们的生命，
让我们这一代在深夜里坚强自己：
让我们活出人的尊严和人的美感。

动物一样艰苦卑屈地生活着，到我们这一代才比较不像动物了，但大多数中国人虽然富有，还是过动物层次的生活。在香港和台北都有整幢大楼是饭馆，别的都不卖。对我们来说，像日本十几层大楼都是书店，真是不可思议的事；还有，我们二十四小时营业的不是饮食摊就是色情业，像欧洲很多书店二十四小时营业，也是我们不能想象的。"

朋友也提到他结婚时，有一位长辈要送他一幅画，他吓一跳，赶忙说："您不要送我画了，送我两张椅子就好。"因为他当时穷得连两张椅子也买不起，别说有兴致看画了，后来才知道一幅画有时抵得过数万张椅子。他说："现在如果有人送我画或椅子，我当然要画，但这已经是二十年前的事了。我们年轻时也在动物层次呀！"

我听到朋友说"动物层次"四个字，惊了一下，这当然没有任何不敬或嘲讽的意思，我们的父祖辈也确实没有余力去过精神层次的生活，甚至还不知道他们戴的斗笠和拿的锄头有那么美。现在我们知道了，台湾也富有了，就不应该把所有的钱都用在酒池肉林、声色犬马，不能天天只是吃、吃、吃，是开始学习超越动物层次生活的时候了。

超越动物层次的生活不只是对精致与品位的追求，而是要追求民主、平等、自由、人权的社会生活，自己则要懂得更多的宽容、忍让、谦虚与关爱，用最简单的说法："就是要活出人的尊严与人的美感。"这些都不是财富可以缔造的（虽然它要站在财富的基础上才可能成功），而是要有更多的人文素养与无限的人道关怀，并且有愿意为人类献身的热诚，这些，我觉得是台湾青年最缺乏的。

从茶艺馆出来，我有很多感触，但因与另外一位成功的企业家有约，就匆匆赶去赴约。到企业家的家使我更加深先前的感触，他住在一幢极豪华的住宅，房子光是装潢就花掉几百万，他家里有两台极大的电视机，可能是七十寸的样子，可是这企业家客厅墙上竟挂着拙劣不堪的外销画，还有一幅很大的美女月历，他对美感几乎是盲目的，连桌子茶杯都不会挑选，每看见他家的一样东西都让我惊心动魄。真可怕呀！这些年来，我们的社会造就许多这样对美感盲目、人文素养零分的企业家！可见有些东西不是金钱能买到，有些有钱人甚至买不到一只好茶杯，你相信吗？

人文主义的消退和沦落

我曾到台湾最大的企业办公室去开会，那有数万名员工的大楼里，墙上没有一幅画（甚至没有一点颜色，全是死白），整个大楼没有一株绿色植物，而董事长宴客的餐桌上摆着让人吃不下饭的俗恶塑胶花，墙上都是劣质画。我回来后非常伤心，如果我们对四周的环境都没有更细致优美的心来对待，我怎么可能奢谈保护环境、保护资源的事呢？这使我知道了，有钱以后如果不能改造心胸，提升心灵层次，其实是蛮可悲的。

当然，每个社会都有不同的困境。最近，美国有一本畅销书《美国人思想的封闭》（*The Closing of the American Mind*），是芝加哥大学教授艾伦·布鲁姆（Allan Bloom）写的，他批评现在的美国青年对美好生活不感兴趣，甘愿沉溺在感官与知觉的满足，他们漫无目标，莫衷一是，男女关系混乱，家庭伦理观念淡薄，贪图物欲享受，简直一无是处。简单地说：美国青年的人文主义在消退和沦落了。

套用我朋友的安徽俗语是："发财超过三辈子，沉溺于穿衣吃饭了。"美国青年正是如此吧！

但回头想想，我们还没有像美国有那么长久的安定、那么富有的生活，在民主、自由、平等、人权上也差之远甚，可是我们的很多青年生活方式已经像布鲁姆教授笔下的美国青年了，甚至连很多中老年人都沉溺于物欲，只会追求感官的满足。另外一部分人则成为金钱与工作的机器，多么可怕呀！

亮亮，有空的时候不妨到台北市的长春路走走，有时我想，全美国的理发厅加起来都没有台北长春路上的多。也不妨到西门町走走，你在世界任何城市，都不可能走一千米被二十个色情黄牛拦路，只有台北才有。也不妨到安和路走走，真真鳞次栉比的啤酒屋，全世界没有一个地方的人民像我们这样疯狂纵酒的……美国人在为失去人文主义忧心，我们是还没有建立什么人文主义就已经沉沦了。想到父祖辈的斗笠、牛车车轮、锄头、蓑衣、箩筐这些东西所代表的血汗与泪水的岁月，有时使我的心纠结在一起。

走遍牛车轮的时代

是不是我们要永远像动物一样，被口腹、色情等欲望驱迫地生活着呢？难道我们不能追求更美好的生活吗？

亮亮，有些东西虽然遥不可及，有如日月星辰的光芒一样，但是为了光明，我们不得不挺起胸膛走过去，我们不要在长春路的红灯、西门町的黑巷、安和路的酒桶里消磨我们的生命，让我们这一代在深夜里坚强自己：让我们活出人的尊严和人的美感。

给你说这些的时候，我仿佛又看见了茶艺馆里聚光灯所照射的角落，我们应该继承父祖的辛勤与坚毅，但我们要比他们有更广大的心胸，到底，我们已经走过牛车轮的时代，并逐渐知道它所代表的深意了。

让我们以感恩的心纪念父祖的时代，并创造他们连梦也不敢梦的人的尊严、人的美感。

油面摊子

承担是生命里最美的东西

● ○ ————————

　　家附近有一担卖油面的小摊子，我平常并不太注意，有一回带孩子散步路过，看到生意极好，所有的椅子都坐满了人。

　　我和孩子驻足围观，这时见到卖面的小贩，把油面放进烫面用的竹捞子里，一把塞一个，刹那之间就塞了十几把，然后他把叠成长串的竹捞子放进锅里烫。

　　接着，他以迅雷不及掩耳的速度，将十几个碗一字排开，放作料、盐、味素等等，很快地捞面、加汤，十多碗面煮好的过程还不到五分钟，我和孩子都看呆了。更令人赞叹的是，那个煮面的老板还边煮边与顾客聊着闲天。

　　在我们从面摊离开的时候，孩子突然抬起头来说："爸爸，我猜如果你和卖面的老板比赛卖面，你一定输！"

　　对于孩子突如其来的谈话，我感到莞尔，并且立即坦然承认，我一定输给卖面的人。我说:"不只会输,而且会输得很惨。这个世界上能赢过卖面老板的人大概也没有几个。"

后来我和孩子谈起了,他的爸爸在这世界上是输给很多人的。

接下来的几天,就像玩着游戏一样,我带着孩子到处去看工作中的人。我们在对角的豆浆店看伙计揉面粉做油条,看油条在锅中胀大而充满神奇的美感。我对孩子说:"爸爸比不上炸油条的人。"

我们到街角的饺子店,看一位山东老乡包饺子。他包饺子就如同变魔术一样,动作轻快,双手一捏,个个饺子大小如一,煮出来晶莹剔透。我对孩子说:"爸爸比不上包饺子的人。"

我们在市场边看见一个削梨子与芭乐的小贩。他把水果削好切片,包成一袋一袋准备推到戏院去卖。他削水果时,刀子如同自手中长出,动作利落又优美。我对孩子说:"爸爸比不上削水果的人。"

就在我们生活四周,到处都是我比不上的人。这些市井小人物,他们过着单纯的生活,对生活有着信心与希望。他们的手艺固然简单,却非数十年的锻炼不能得。

当我们放眼这个世界的时候,如果以自我为中心,很可能会以为自己是顶尖人物。一旦我们把狂心歇息下来,用赤子之心来观照,就会发现自己是多渺小。在人群之中,若没有整个市井的护持,我们连吃一套烧饼油条都成问题呀!这是连圣贤都感叹地说"吾不如老农,吾不如老圃"的缘故。我们什么时候能看清自己不如人的地方,那就是对生命真正有信心的时候。

看到人们貌似简单、事实上不易的生活中的动作时,我觉得每一

什么时候能看清自己不如人的地方，
那就是对生命有真正信心的时候。

个人都值得给予最大的敬意，努力生活的人们都是可敬佩的。他们不用言语，而以动作表达了对生命的承担。

承担，是生命里最美的东西！

我时常想，我们既然生而为人，不是草木虫鱼，就要承担。

安然接受人生可能发生的一切，除了安然地面对，还能保持觉性，就是菩提了。一般人缺少的正是觉悟的菩提罢了。

在古印度人传统的观念里，认为只要是两条河交汇的地方一定是圣地。这是千年智慧累积所得到的结论。假如我们把这个观念提炼出来，人生何尝不是如此？在人与人相会面的那一刻，如果都有很好的心来相印，互相对流，当下自己的心就是圣地了。

油面摊子是圣地，豆浆店是圣地，饺子馆是圣地，水果摊是圣地……到处都是圣地，只看我们有没有足够神圣的心来对应这些人、这些地方。当然，在我们以神圣的心面对世界时，自己就有了承担，也就成为值得敬佩的人之一。

我带着孩子观察了许多人以后，孩子感到疑惑，他问："爸爸，那么你有什么可以比得上别人呢？"

我说："如果比写文章，爸爸可能会比得上那卖油面的老板吧！"

孩子说："也不会，油面老板几分钟就煮好十几碗面，爸爸要很久才写完一篇文章！"

父子俩相对大笑。是呀，这世界有什么东西可以相比，有什么人可以相比呢？

走向生命的大美

唯有一颗清明的心才能体验到真实的美

清朝的词评家王国维在《人间词话》里，曾经说到古今成大事业大学问的人必须经过三种境界。

第一种境界是"昨夜西风凋碧树，独上高楼，望尽天涯路"。意思是说有感性的胸怀，见到西风里凋零的碧树心有所感，在内心里有对理想的抱负与对未来的追寻，虽有孤独与苍茫之感，但有远见，对生命有开阔的视野。

（这三句诗的原作者是宋朝的晏殊，出自他的《蝶恋花》，原词是"槛菊愁烟兰泣露，罗幕轻寒，燕子双飞去。明月不谙离恨苦，斜光到晓穿朱户。昨夜西风凋碧树，独上高楼，望尽天涯路。欲寄彩笺兼尺素，山长水阔知何处？"）

第二种境界是"衣带渐宽终不悔，为伊消得人憔悴"。意思是说不只要有追寻理想的热情与勇气，还要有坚持、有执着，去实践自己所信奉的真理，即使人变瘦了，衣带变宽了，也能百折不回。

（这两句出自宋朝词人柳永的《凤栖梧》，原词是"伫倚危楼风细细，望极春愁，黯黯生天际。草色烟光残照里，无言谁会凭阑意？拟把疏狂图一醉，对酒当歌，强乐还无味。衣带渐宽终不悔，为伊消得人憔悴。"）

第三种境界是"众里寻他千百度，蓦然回首，那人却在灯火阑珊处"。意思是经过非常长久的努力追寻，饱受人生的沧桑，到后来猛然回首，那要追寻的却在自己走过的道路上，灯火阑珊的地方。

（这三句典出宋朝词人辛弃疾的《青玉案》，原词是"东风夜放花千树，更吹落，星如雨。宝马雕车香满路，凤箫声动，玉壶光转，一夜鱼龙舞。蛾儿、雪柳、黄金缕，笑语盈盈暗香去。众里寻他千百度，蓦然回首，那人却在灯火阑珊处。"）

从前读《人间词话》读到人生的三种境界时，虽有感触，但不深刻，到最近几年，这三重境界之说时常在心中浮现，格外感受到王国维对生命的智见。他论的虽然是诗词、是事功、是人格，讲的实际上是人从凡夫之见超越的历程，到最后那种"众里寻他千百度，蓦然回首，那人却在灯火阑珊处"，简直是开悟的心境了，使我想起一首禅诗"终日寻春不见春，芒鞋踏破岭头云，归来偶遇梅花嗅，春在枝头已十分"，也不禁想到菩萨在人间留下一丝有情那样的心境。

一个人要"众里寻他千百度"，必然要经验人生的许多历程，而要"蓦然回首"则需要一种明觉，至于站在灯火阑珊处的那人，不是别人，而是一个原点，是那个"独上高楼，望尽天涯路"的自我呀！

诗人虽然出自情感与灵感来表达自我，但其中有一种明觉，或者

一个人格境界的确立正是如此，
是在有情中打滚、提炼，终至永保明觉，
观照世间，那时才知道什么叫作"蓦然回首"了。

与禅师不同，我相信那明觉之中有如同镜子一样澄明的开悟的心——这种历程，在某些作品里是历历可见的。

宋朝词人蒋捷曾有一首《虞美人》，很能看出这种提升的历程。

少年听雨歌楼上，

红烛昏罗帐；

壮年听雨客舟中，

江涧云低，断雁叫西风；

而今听雨僧庐下，

鬓已星星也；

悲欢离合总无情，

一任阶前点滴到天明。

在僧庐下听雨的白发诗人，体会到人世悲欢离合的无情就像阶前的雨一样错落无常，心境上是有一种悟境的，与禅心不同的是，禅心以智为灯芯，诗人则以美做为灯点燃，这是为什么我们读到李贺"天若有情天亦老"之句，要为之低回不已了，或者读到龚自珍的"落红不是无情物，化作春泥更护花"要为之三叹了。

一个好的开悟的境界，或者崇高的人格与事功，都不是无情的，它是一种经过净化的有情的心，这种经过净化的有情，我们可以称之为"觉有情"，有如道绰大师说的，就像天鹅在水中悠游，沾水而羽毛不湿。

好的文学作品、优美的诗歌，无不是在"有情中有觉"，创作者既提升了自我的情感经验，也借以转化，溶解成人人都能提升的情感经验，来唤醒大众内在的感觉的呼声。这是为什么，历来伟大的禅师在开悟之际都会写下诗歌，而开悟之后，有许多禅师也往往以诗歌示教。在显教最有名的是六祖慧能，传说他不识字，但读他的作品《六祖坛经》竟有如诗偈一样。在密宗最著名的是密勒日巴，传说他流传的诗歌竟有数万首之多。

寒山、拾得不也是这样吗？他们是山野里的隐士，却也忍不住把自己的心境写在山间石壁，幸好有人抄录才不至失传。但是，我也不禁想到，以寒山、拾得的诗才，写诗的那种劲道，一定有更多的诗隐于石上、壁上，与草木同朽，后人无缘得见了。

为什么悟道者爱写诗呢？原因何在？我想在最根本处是，禅学或佛教是一种美，在人生中提升美的体验，使一个人智慧有美、慈悲有美、生活有美，语默动静无一不美，那才是走向佛道之路。

失去了美，佛道对人生还有什么价值呢？

唯有心性的绝美，才能使人洗涤贪嗔痴慢疑五毒；也唯有绝美的心，才能使人面对、提升、跨越人生深切的痛苦。

因此，道是美，而走向道的心情是一种诗情，诗情与道情转折的驿站则是"觉"。

菩萨之所以叫"觉有情"，是因为菩萨从来没有失去感性的怀抱，与凡夫不同的是，他在有情中不失觉悟的心。

菩萨个个心性皆美，长相也无不庄严到达极致，则是启示了我们，美是无比重要的，最深刻的美则是来自有情的锤炼。

即使是佛，十方诸佛都是"相好庄严"，经典里说到佛之美，有"三十二相，八十种好"之说，因此，佛的相、佛的心，都是绝美。

了解到佛道的追求是对生命完美的追求，我模仿王国维之说，凡是古今走向"觉有情"之道者，也必经三种境界。

第一种境界是："笑声不闻声渐消，多情却被无情恼。"（语出苏东坡《蝶恋花》）

第二种境界是："我见青山多妩媚，料青山见我应如是，情与貌，略相似。"（语出辛弃疾《贺新郎》）

第三种境界是："千锤万凿出深山，烈火焚烧若等闲；粉身碎骨浑不怕，要留清白在人间。"（语出于谦《咏石灰》）

真正觉有情的菩萨，全是多情的种子，他们在无情的业障人性之中，因烦恼生起菩提之心。然后体会到一切有情都会被无情所恼，思有以解脱，心性与眼界大开，看到世间的美与苦难是并存的，正如青山与我并无分别。最后宁可再跃入有情的洪炉，不畏任何障碍，为了留一点清白在人间。

一种人格境界的确立正是如此，是在有情中打滚儿、提炼，终至永保明觉，观照世间，那时才知道什么叫作"蓦然回首"了。

唯有清明的心，才能使人体验到什么是真实的美。

唯有不断地觉悟，才体验到深刻、广大、雄浑的美。

也唯有无上正觉的人，才能迈向生命的大美、至美、完美与绝美呀！

松子茶

灵魂是一面随风招展的旗子，
人永远不要忽视身边事物

● ○ ————————

　　朋友从韩国来，送我一大包生松子，我还是第一次看到生的松子，晶莹细白，颇能想起"空山松子落，幽人应未眠"那样的情怀。

　　松子给人的联想自然有一种高远的境界，但是经过人工采撷、制造过的松子是用来吃的，如何来吃这些松子呢？我想起饭馆里面有一道炒松子，便征询朋友的意见，要把那包松子下油锅了。

　　朋友一听，大惊失色："松子怎么能用油炒呢？"

　　"在台湾地区，我们都是这样吃松子的。"我说。

　　"罪过，罪过，这包松子看起来虽然不多，你想它是多少棵松树经过冬雪的锻炼才能长出来的呢？用油一炒，不但松子味尽失，而且也改变了我们吃这种天地精华的原意了。何况，松子虽然淡雅，仍然是油性的，必须用淡雅的吃法才能品出它的真味。""那么，松子应该怎么吃呢？"我疑惑地问。"即使在生产松子的韩国，松子仍然被看作珍贵的食品，松子最好的吃法是泡茶。"

"泡茶？""你烹茶的时候，加几粒松子在里面，松子会浮出淡淡的油脂，并生松香，使一壶茶顿时津香润滑，有高山流水之气。"

当夜，我们便就着月光，在屋内喝松子茶，果如朋友所说的，极平凡的茶加了一些松子就不凡起来了。那种感觉就像是在遍地的绿草中突然开起优雅的小花，并且闻到那花的香气，我觉得，以松子烹茶，是最不辜负这些生长在高山上历经冰雪的松子了。

"松子是小得不能再小的东西，但是有时候，极微小的东西也可以做情绪的大主宰。诗人在月夜的空山听到微不可辨的松子落地声，会想起远方未眠的朋友，我们对月喝松子茶也可以说是独尝异味，尘俗为之解脱，我们一向在快乐的时候觉得日子太短，在忧烦的时候又觉得日子过得太长，完全是因为我们不能把握像松子一样存在于我们生活四周的小东西。"朋友说。

朋友的话十分有理，使我想起人自命是世界的主宰，但是人并非这个世界唯一的主人。就以经常遍照的日月来说，太阳给了万物的生机和力量，并不单给人们照耀；而在月光温柔的怀抱里，虫鸟鸣唱，不让人在月下独享；即使是一粒小小松子，也是吸取了日月精华而生，我们虽然能将它烹茶，下锅，但不表示我们比松子高贵。

佛眼和尚在禅宗的公案里留下两句名言：

水自竹边流出冷，
风从花里过来香。

　　水和竹原是不相干的，可是因为水从竹子边流出来就显得格外清冷；花是香的，但花的香如果没有风从中穿过，就永远不能为人体知。可见，纵是简单的万物也要通过配合才生出不同的意义，何况是人和松子？

　　我觉得，人一切的心灵活动都是抽象的，这种抽象宜于联想。得到人世一切物质的富人如果不能联想，他还是觉得不足；倘若是一个贫苦的人有了抽象联想，也可以过得幸福。这完全是境界上的差别。禅宗五祖曾经问过："风吹幡动，是风动？还是幡动？"六祖慧能的答案可以作为一个例证："不是风动，不是幡动，是仁者心动。"

　　仁者，人也。在人心所动的一刻，看见的万物都是动的，人若呆滞，风动幡动都会视而不能见。怪不得有人在荒原里行走时会想起生活的悲境大叹："只道那情爱之深无边无际，未料这离别之苦比天高。"而心中有山河大地的人却能说出"长亭凉夜月，多为客铺舒"，感怀出"睡时用明霞作被，醒来以月儿点灯"等引人遐思的境界。

　　一些泡在茶里的小小松子，一粒停泊在温柔海边的细沙，一声在夏夜里传来的微弱虫声，一点斜在遥远天际的星光……它全是无言的，但随着灵思的流转，就有了炫目的光彩。记得沈从文这样说过："凡是美的都没有家，流星，落花，萤火，最会鸣叫的蓝头红嘴绿翅膀的王母鸟，也都没有家的。谁见过人蓄养凤凰呢？谁能束缚着月光呢？一颗流星自有它来去的方向，我有我的去处。"

　　灵魂是一面随风招展的旗子，人永远不要忽视身边事物，因为它也许正可以飘动你心中的那面旗，即使是小如松子。

灵魂是一面随风招展的旗子，人永远不要忽视身边事物，
因为它也许正可以飘动你心中的那面旗。

比景泰蓝更蓝

所有美的感受都要穿过心灵

● ○ ────────

　　近几年，我年年都到花莲去，有时一年去好几趟，通常是坐飞机，偶尔坐火车，竟有十二年时间没有走过苏花公路了。

　　前些日子，应朋友之邀到花莲去，搭车走苏花公路。车子沿着高耸的崖岸前行，时而开阔无比，时而险峻异常，时而绿树如缎，时而白云似练。我心里生起一种感动，仿佛太平洋的波涛，一波一波从海边泛起来。

　　难道苏花公路比我以前来的时候更美了吗？我心里觉得疑惑。

　　学生时代，我也几乎每年到苏花公路去。当时一方面是热爱东部雄峻高昂的山水，另一方面则是热心于社会服务，常随着学校的社会服务团到南澳、东澳的山地部落去做服务工作，每次都走苏花公路。二十年前的苏花公路比现在狭小，许多地方是单线通车，因此走走停停，觉得路途特别迢遥。那个时候没有冷气车，山风狂乱、尘土飞扬，车内燥热、百味杂陈，当地居民时常提着鸡鸭上车，每回到了目的地都是灰头土脸的。

有一次，独自在苏花公路一带自助旅行，每到一站就住两三天。二十年前的旅游业不发达，几乎找不到像样的饭店，连普通的旅舍也难找，只有一种用木板铺成的"通铺"，专供到深山采药、采兰花，或走江湖卖艺唱戏的人居住。我就住在那些地方，每天十元。夜里，飞蛾、蟋蟀在屋内飞动，壁虎、蟑螂横行于壁间，墙壁上全是蚊虫、跳蚤、虱子被打死留下的血迹。

一夜，我到了南澳，已经夜深，投宿于这种平民客栈，睡前找不到洗漱的地方。老板娘说："呀，后面有个池塘，我们的客人都在那里洗澡！"我走到屋后，果然有个池塘，在树林之间，星月映照在池水上。我满心欢喜地在池边刷牙、洗澡，觉得池水清凉甘美，又喝了几口，才回通铺睡觉。

第二天黎明醒来，再走到池边，大吃一惊，原来池水是乌黑的，池上漂满腐叶，甚至还有虫、蝶、金龟子的尸体。这使我感觉到，人的感受是不实的，昨夜那种美的印象完全破灭了。

旅行的环境是如此简陋，但每天一走到屋外，进入溪谷、林间、海滨，我就知道一切是多么值得，只要能走入那么美的风景中，就是睡在地上也是甘之如饴的。

溪清、林茂、海蓝、云白，满山的野百合和月桃花，有时光是坐着放松，就会感动得心潮起伏。

这美丽之岛，这无可取代的土地呀！

所有美的感受都要穿过心灵，愈陈愈香、愈久愈醇。

二十年前，车稀路窄，一到夜晚，苏花公路就沉寂了，独自在大街上散步，觉得身心了无挂碍，胸怀澄澈如水。一直到现在，我都还深深地记得远处的涛声，以及在山路间流动的夜来香的气味。

关于苏花公路的记忆是我少年时代最美的记忆，噶玛兰的橄榄树、泰雅族的聚落、蓝腹鹇的歌声、南寺的晨钟暮鼓，光是想着就要微醺了。

那个时候强烈感受到的美，未曾经过岁月的沉淀，没有感情的蒸馏，未经流水的冲刷，依然是粗糙的。这一次坐在冷气车中，细细回想从前所走过的路，窗外无声，云飞影移，觉得眼前的景色更美，在美中有一种清明，是穿过了爱恨，提升了热情所得到的清明。

原来，所有美的感受都要穿过心灵，愈陈愈香，愈久愈醇，就好像海岸和溪边的卵石，一切杂质都已流去，只剩下坚实、纯净、浑圆的石心。我对朋友说："住在台湾的人，如果每隔一段时间就走一趟苏花公路，人生也就无憾了。"确实，我们走遍世界，才会发现最美的人间景致，就在我们身边！

几个晚上，我都住在亚士都饭店。亚士都算是花莲的老饭店了，简朴有风味，还像以前一样，我站在阳台面海的方向，可以看见明亮的天星，偶有飞舞的萤火虫，空气里青草伴着海风，带着槟榔花那极浓郁、特殊的香味。我独自沿着海滨公园散步，秋季海上的风起了，一阵强过一阵，椰子树也摇出抽象的舞姿。即使是夜晚，东部的天空也如景泰蓝那样深蓝，白云依稀可辨，风一起，云好像听见了起跑的枪声，全往更深的山谷奔驰而去。

如果有点音乐就更好了，我想着。

海像是听见我的念头，开始更用力地演奏着涛声，一遍一遍，永不歇止。人与海涛在寂寞中相遇，便是最好的音乐。

少年的歌声也随海涛汹涌着，我想起，我曾在东澳的山路上采了一束月桃花，送给一位美丽的少女，月桃花依旧盛放，少女的神采则早已在云端上了。

如果，如果，再下点雨，就更好了！

幸福终结者

幸福快乐不是一个结局，
只是一个方向罢了

● ○ ————————

从前看童话书，有许多是关于王子和公主的故事，这种故事都是千篇一律，是公主受到某种妖魔或巫婆的咒术所魅惑，变成植物、动物，或长睡或禁制而失去了自由。王子，英俊、潇洒，骑着白马，手拿宝剑，经过重重磨难，终于把公主救了出来，故事的终结总是："王子与公主从此过着幸福快乐的日子。"

虽然在小时候，我们就知道那个"从此"是不太可能的，但一读到"从此过着幸福快乐的日子"心里就充满一种特殊的感动，深知那不一定是个结局，却一定是个期望。

为什么说"从此过着幸福快乐的日子"不是结局，却是期望呢？因为除了童话，我们也看许多卡通影片，在卡通影片也是千篇一律的，一只弱小的动物或一个弱小的人，一开始总被强大的动物、人，或者压力，整得一塌糊涂，在故事的后半段，他们总是奋力一击，获得了最后的胜利，结局也可以说是"从此过着幸福快乐的日子"。

不幸的是，卡通影片与童话故事不同，它有续集，主角的幸福仿佛没有过多久，就要面临新的考验与压力，在挫败的角落中抗争，最后又得到一次幸福。然后，故事就周而复始地重复不已，卡通人物是不死的，所以他们的失败与压力不死，他们的幸福也总是在失落沉沦中重生。

不只童话或卡通影片是这样，在电视上演给大人看的警匪、侦探、爱情题材的单元剧，都是让我们看见了英雄一再的考验与重生。

这些都使我们知道在人生里，借着外在世界的克服、奋斗，不一定能得到最后幸福的结局，因为只要这个世界不停止转动，人的挫折、考验就不会终止，活在这世界一天，就不可能有"从此过着幸福快乐的日子"的一天。即使贵如王子与公主也不能逃出这个铁则，这是为什么我们读古代王室的历史，发现有争端、纠缠、丑闻的时代总比太平的时代多得多的原因。

是的，我们骑白马拿宝剑去砍杀妖魔、破除巫术，并不能使我们进入平安的境地。

于是我对于王子与公主的故事有了新的体会，如果我们把除妖破巫的行动当成是一种象征，象征王子去砍除了心中的妖魔，在欲念上纠缠的巫迷，就可以使他断除一切心灵的纠葛，到达一个宽广、博大、慈悲、无所动摇的心境，那么他从此过着幸福快乐的日子并不是不可能。

不要说走在荆棘遍地、丑怪狰狞的地方了，就是走在地狱的炼火中，也能有清凉的甘露。佛教里有一尊地藏王菩萨，由于心地无限光明与无量慈悲，经常在地狱中救拔众生，当他走过地狱燃烧的烈火，每一朵火焰都化成一朵最美丽的红莲花，来承接他的双足，这是一则多么动人的启示呀！

我们对于最终的幸福，要有一个更新的体认。记不得是哪一个诗人说过："人们常为了追求幸福而倒在尘沙之中，而伊甸园就在左近。"莎士比亚更说过："快乐，不是一个地方，而是一个方向。"

幸福快乐不是一个结局，只是一个方向罢了，我们只能说一直在往那个方向走，而不能说是在朝那个结局前进。

只要我们去除心的葛藤，不断追求幸福的方向，就不只是让我们从黑暗之地走向光明，而是从光明的起点走向另一个光明的起点。

是什么使我们从光明走向光明？说穿了也很简单，就是回到心的清净，回到一个更广大的包容罢了。

最清净广大的心胸世界，才是幸福的终结者。

只要我们去除心的葛藤，不断追求幸福的方向，
就不只是让我们从黑暗之地走向光明，
而是从光明的起点走向另一个光明的起点。

图书在版编目（CIP）数据

常想一二，不思八九 / 林清玄著. -- 北京：北京联合出版公司, 2017.5（2017.9重印）

ISBN 978-7-5596-0210-7

Ⅰ.①常… Ⅱ.①林… Ⅲ.①散文集 – 中国 – 当代 Ⅳ.①I267

中国版本图书馆CIP数据核字(2017)第079514号

著作权合同登记 图字：01-2017-2553号

本著作物经北京阅享国际文化传媒有限公司代理，
由九歌出版社有限公司授权，
在中国大陆出版、发行中文简体字版本。

常想一二，不思八九

项目策划　紫图图书 ZITO®
监　制　黄利　万夏

作　者　林清玄
责任编辑　刘　恒　徐秀琴
特约编辑　宣佳丽　路思维
版权支持　王香平
内文插图　宋乐天　谢庆和　青　简
装帧设计　紫图图书 ZITO®

北京联合出版公司出版
（北京市西城区德外大街83号楼9层　100088）
小森印刷（北京）有限公司印刷　新华书店经销
150千字　710毫米×1000毫米　1/16　16印张
2017年5月第1版　2017年9月第3次印刷
ISBN 978-7-5596-0210-7
定价：45.00元